Investment Academy

Immobilien für Beginner

Immobilien für Beginner

Das ultimative Einsteiger-Buch für angehende Immobilien-Investoren. Lernen Sie Schritt für Schritt wie Sie als Anfänger Immobilien erwerben, handeln und ertragreich vermieten.

Ein Buch der Investment Academy

Achtung: Dieses Buch ist lediglich eine Einführung in die Thematik und stellt keine Finanz- oder Anlageberatung dar. Dem Handel mit Immobilien unterliegt immer ein gewisses Verlustrisiko.

BN Publishing

© Investment Academy 2021

ISBN: 978-6-9292-0757-7

Inhaltsverzeichnis

Vorwort 7

Seit Jahren steigen die Immobilienpreise - ist bereits ein Ende in Sicht? 11

Direkte und indirekte Investitionsmöglichkeiten 19

    Die direkte Investition 19

    Die indirekte Investition................................ 23

    Die geschlossenen Immobilienfonds 27

    Aktien.. 29

Welche Investitionsmöglichkeiten gibt es?....... 31

9 wertvolle Tipps, wenn Sie Ihr Geld in Immobilien anlegen wollen............................. 35

Die Immobilie als Altersvorsorge 43

Die Vermietung 47

    Die Vermietung der Ferienwohnung 47

    Die Vermietung der Eigentumswohnung 48

    Die Vermietung des Einfamilienhauses 50

    Die Gefahren 50

Der gewinnbringende Verkauf der Immobilie ... 53

    Soll das Haus über einen Makler verkauft werden? 54

    Der Privatverkauf... 57

Steuerliche Aspekte 65

Die Grundsteuer 65
Die Grunderwerbsteuer 65
Die Spekulationssteuer 69
Die Berechnung der Rendite 71
Die Berechnung der Eigenkapitalrendite 71
Die Berechnung der Objektrendite 73
Die Berechnung der Nettomietrendite 75
Ein vielversprechendes Investment 77
Über die Autoren 81

Vorwort

Wer will schon sein ganzes Leben Miete zahlen, sich an die Regeln der Hausverwaltung halten und sich mit lauten Nachbarn ärgern? Viele Deutsche träumen von den eigenen vier Wänden. Die Niedrigzinsphase, die der Grund ist, warum die Kredite so günstig wie noch nie sind, hat vielen Deutschen diesen Traum erfüllt. Die Nachfrage ist enorm; immer mehr Deutsche erwerben Immobilien und werden so zu Eigentümern.

Doch die Tatsache, dass sich immer mehr Deutsche für Eigenheime interessieren, hat natürlich auch eine besondere Auswirkung - die Preise steigen! Genau an diesem Punkt sollten Sie hellhörig werden, wenn Sie Ihr Geld in eine sichere und gewinnbringende Kapitalanlage investieren möchten. Der Ratgeber "Immobilien für Beginner: Das ultimative Einsteiger Buch für angehende Immobilien Investoren - Lernen Schritt für Schritt wie Sie als Anfänger Immobilien erwerben, handeln und ertragreich vermieten" hilft Ihnen dabei, sodass Sie die Vorteile des aufstrebenden Immobilienmarktes nutzen können. Investieren Sie Ihr Geld in das Betongold und freuen Sie sich über Top-Rendite.

Möchten Sie eine Immobilie erwerben und in weiterer Folge vermieten? Welche Tipps und Tricks sollten Sie berücksichtigen, damit Sie ein passives Einkommen lukrieren? Vielleicht möchten Sie die Immobilie auch gewinnbringend veräußern? Welche Steuern müssen Sie bezahlen, wenn Sie das Objekt verkaufen? In dem Ratgeber "Immobilien für Beginner: Das ultimative Einsteiger Buch für angehende Immobilien Investoren - Lernen Schritt für Schritt wie Sie als Anfänger Immobilien erwerben, handeln und ertragreich vermieten" finden Sie auf all Ihre Fragen Antworten. Noch detaillierte Informationen erhalten Sie in dem Ratgeber "Immobilien-Investments für Fortgeschrittene".

Immobilien für Beginner: Das ultimative Einsteiger Buch für angehende Immobilien Investoren - Lernen Schritt für Schritt wie Sie als Anfänger Immobilien erwerben, handeln und ertragreich vermieten befasst sich aber auch mit der Immobilie als Altersvorsorge.

Zudem werfen wir auch einen Blick hinter die Kulissen. Wie teuer sind die aktuellen Eigentumswohnungen und Häuser in Deutschland? Wie sieht die Prognose bis zum Jahr 2030 aus? Gibt es tatsächlich eine Immobilienblase, die demnächst platzen wird?

Der Ratgeber "Immobilien für Beginner: Das ultimative Einsteiger Buch für angehende Immobilien Investoren - Lernen Schritt für Schritt wie Sie als Anfänger Immobilien erwerben, handeln und ertragreich vermieten" setzt sich mit allen möglichen Aspekten des Immobilien-Investments auseinander und wird Ihnen dabei helfen, wenn Sie Ihr Geld in das Betongold investieren möchten.

Nutzen Sie diese einmalige Gelegenheit und profitieren Sie von diesem aufstrebenden Markt, der sich noch lange nicht am Ende befindet. Die Zeichen stehen nämlich gut, sodass Sie davon ausgehen können, dass die Immobilienpreise - auch in ferner Zukunft - noch weiter steigen werden!

"Immobilien für Beginner: Das ultimative Einsteiger Buch für angehende Immobilien Investoren - Lernen Schritt für Schritt wie Sie als Anfänger Immobilien erwerben, handeln und ertragreich vermieten" ist ein Ratgeber für Anfänger. Noch mehr Tipps und Tricks und detailliertere Hintergrundinformationen finden Sie in dem Ratgeber "Immobilien-Investments für Fortgeschrittene".

Wir wünschen viel Vergnügen beim Lesen

Ihr Investment Academy Team

Seit Jahren steigen die Immobilienpreise - ist bereits ein Ende in Sicht?

Die Immobilienpreise steigen und steigen. Im Jahr 2021 spielt es keine Rolle, ob es sich um eine Wohnung (Miete) oder um ein Haus (Eigentum) handelt. Natürlich sprechen viele Beobachter von einer Immobilienblase, die demnächst platzen wird. Wer jedoch einen Blick hinter die Kulissen wirft, der wird sofort erkennen, dass derartig Blase durch andere Faktoren gebildet wird, die - zumindest aktuell - noch nicht sichtbar sind.

Von einer Immobilienblase (Spekulationsblase) ist dann die Rede, wenn der Markt einen Höchststand erreicht und in weiterer Folge eine Trendumkehr eintritt - die Preise fallen wieder. Der Absturz ist jedoch extrem; binnen kurzer Zeit kommt es zu einem rapiden Abfall. In diesen Fällen wird auch von einer Preiskorrektur gesprochen. Derartige Immobilienblasen gab es schon immer - die letzte Immobilienblase platzte in Irland (2008). Die erste Immobilienblase erlebten die Italiener (1343 bis 1346). Auch die zweite Immobilienblase platzte in Italien (1887). 1926 kam es zum sogenannten "Landboom" in Florida; 1990 platzte die Büroimmobilienblase in Japan. Anfang der 1990er Jahre platzten auch die Spekulationsblasen in der Schweiz und in Mexiko; zwischen 1999 und 2002 gab es die Immobilienblase erstmals auch in Deutschland. Diese wurde durch die steuerliche Förderung der Mehrfamilienhäuser und Büroimmobilien in den sogenannten neuen Bundesländern ausgelöst. Im Jahr 2007 platzte die Immobilienblase in den USA.

Das Ergebnis? Menschen, die in Immobilien investierten, verloren extrem viel Geld. Doch nicht nur die Anleger mussten herbe Verluste einstecken: Auch jene, die Immobilien für die Eigennutzung erwarben und eine Fremdfinanzierung aufnahmen, mussten sich bewusst werden, dass ihre Immobilie einen extremen Wertverlust erfuhr. Wurde das Objekt um 250.000 Euro gekauft, so hatte es - praktisch innerhalb weniger Tage - nur noch einen Wert von 120.000 Euro. Der Kredit, der mitunter 180.000 Euro schwer war, musste dennoch bedient werden. Somit besaßen viele Immobilienbesitzer eine fast wertlose Immobilie und einen überteuerten Kredit.

Doch wie wahrscheinlich ist eine (demnächst platzende) Immobilienblase in Deutschland? Wer sich das

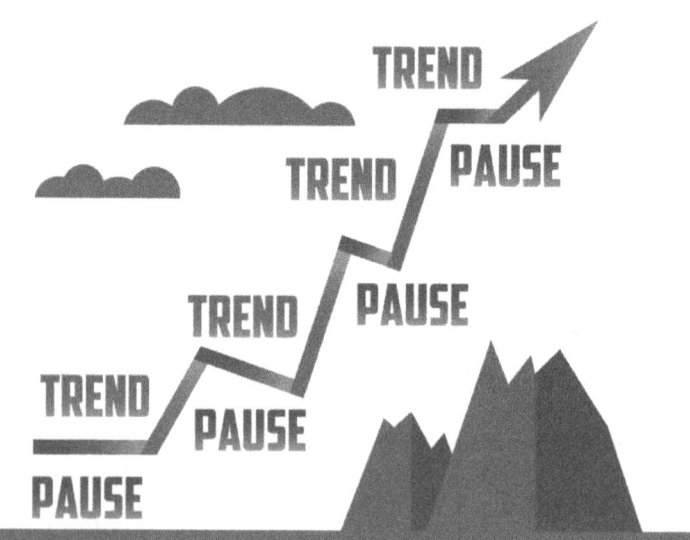

Frankfurter Westend genauer ansieht, kann relativ schnell zur Überzeugung gelangen, dass der Markt extrem überhitzt ist. Hier wurde ein Penthouse (drei Etagen, 340 Quadratmeter Dachterrasse, 640 Quadratmeter Nutzfläche) für sagenhafte 15 Millionen Euro verkauft. Natürlich ist das Frankfurter Penthouse ein Beispiel, dass es nach oben wohl (noch) keine Grenze gibt, wobei es wohl fast keinen Deutschen gibt, der überhaupt eine derartige Summe für eine Immobilie aufbringen könnte. Selbst "gewöhnliche Objekte" sind schon derart teuer, sodass viele Deutsche überlegen, ob sie überhaupt derart viel Geld investieren möchten. Schlussendlich steigen die Immobilienpreise seit der Finanzkrise im Jahr 2008 - also seit rund 13 Jahren.

Heute liegt Deutschland - verglichen mit anderen europäischen Ländern - ganz vorne, wenn man einen Blick auf die Entwicklung der Immobilienpreise wirft. "Economist", ein recht bekanntes Wirtschaftsmagazin, hat die Immobilienpreise von insgesamt 27 Ländern verglichen. Dabei wurden alle Immobilienpreise ab dem Jahr 2009 beobachtet. Innerhalb dieses Zeitraums sind die Preise in Deutschland um rund 50 Prozent gestiegen. In Großbritannien, die Insel der horrenden Immobilienpreise, stiegen die Preise um 35 Prozent, in Frankreich um knapp 5 Prozent. Doch auch wenn die Immobilienpreise in Deutschland einen extremen Anstieg erlebten, so gibt es noch ein Land in Europa, in dem die Preise - seit dem Jahr 2009 - noch steiler nach oben schossen: Schweden. Seit dem Jahr 2009 sind die Preise um sagenhafte 75 Prozent gestiegen!

Doch nicht nur in Europa sind die Immobilienpreise in die Höhe geschossen. Blickt man nach Brasilien, Indien, Israel, China, in die Türkei oder nach Südafrika, so können die Preissteigerungen durchaus mit der deutschen Preisentwicklung verglichen werden.

Deutschland und Schweden verbindet eine Sache, die auch erklärt, warum die Immobilienpreise nach oben geschossen sind. Die Notenbanken kaufen Anleihen und pumpen somit unablässiges Geld in das Finanzsystem - die Negativzinsen, die dafür sorgen, dass die Geschäftsbanken auch wirklich einen Verlust erleiden, wenn sie das Geld bunkern und nicht ausgeben, verursachen natürlich einen weiteren Anstieg der Immobilienpreise. Denn die Banken vergeben nun eindeutig mehr Kredite; mehr Kredite sorgen für mehr Immobilienbesitzer - ein Kreislauf, der zwar gefährlich sein mag, jedoch noch lange nicht auf eine platzende Immobilienblase hinweist.

Genau diese billigen Kredite sind es auch, warum sich immer mehr Anleger für Immobilien interessieren. Einerseits steigen die Preise, sodass der Anleger davon ausgehen kann, dass er mit der Immobilie einen Gewinn machen wird, andererseits sind die Konditionen für die Kredite derart verlockend, da nur noch sehr niedrige Zinssätze vergeben werden - auch das Fremdkapital hat heutzutage keinen großen Einfluss mehr auf die zu erzielende Rendite (siehe das Kapitel "Die Berechnung der Rendite").

Doch wie gefährlich sind Investitionen in Immobilien, wenn bereits von einer Immobilienblase die Rede ist? Auch in Spanien und Griechenland gab es vor Jahren noch attraktive Immobilienpreise. Seit dem Jahr 2009 sind die Immobilienpreise in Spanien um rund 25 Prozent eingebrochen; in Italien (-17 Prozent), Irland (-20 Prozent) und Griechenland (-40 Prozent) kam es ebenfalls zum Absturz. Die Blase ist also geplatzt. Das Problem? Man erkennt in der Regel die Immobilienblase erst dann, nachdem sie geplatzt ist und die

Preise abstürzen ließ. Jedoch gibt es mehrere Experten, die sich - schon seit Jahren - mit den Spekulationsblasen (vor allem mit der Immobilienblase) auseinandersetzen. Folgt man den Erkenntnissen des Forschungs- und Beratungsinstitutes "Empirica", so kann man durchaus beruhigt sein: Deutschland scheint weit weg von einer Immobilienblase zu sein, die demnächst platzen könnte. Von einer Blasengefahr muss dann ausgegangen werden, wenn sich die Kaufpreise schneller als die Einkommen und die Mieten entwickeln; spekulieren die Anleger nämlich und treiben somit die Preise in die Höhe, so werden noch mehr Wohnungen gebaut und auch noch mehr Finanzierungen aufgenommen. In Deutschland kann eine derartige Situation jedoch noch nicht beobachtet werden.

Ein weiterer Aspekt, warum sich Deutschland in keiner Blase befindet: Folgt man den Preisentwicklungen des "Economist" und beobachtet die Preissteigerungen seit dem Jahr 1990, so wird man feststellen, dass Deutschland nicht mehr auf Platz 2 ist. Das Land liegt tatsächlich am Ende der Tabelle! Der Preisanstieg? 70 Prozent. Oben steht natürlich Großbritannien - die Preise sind, von 1990 bis heute, um sagenhafte 260 Prozent gestiegen. Dahinter liegt Frankreich - die Preise stiegen um 140 Prozent. Doch auch wenn diese Preissteigerungen scheinbar unrealistisch wirken, so befinden sich Großbritannien und Frankreich noch lange nicht an der obersten Spitze. Auf Platz 1 liegt Neuseeland - die Preise sind, seit dem Jahr 1990, um 400 Prozent gestiegen. Dahinter folgen Australien (+ 360 Prozent) und Schweden (+ 300 Prozent).

Es sieht also so aus, als würde der deutsche Immobilienmarkt ungefährliche Preissteigerungen erleben. Genau hier steigen in der Regel die Anleger ein (siehe das Kapitel "Welche Investitionsmöglichkeiten gibt es?"). Denn wenn ein Trend nach oben geht und zudem das Risiko gering ist, investieren Menschen ihr Geld, weil sie von der positiven Entwicklung profitieren möchten. Blickt man auf eine Studie des "Hamburgischen WeltWirtschaftsInstitutes" (kurz: "HWWI"), so wird schnell klar, dass Immobilien - wohl bis zum Jahr 2030 - eine durchaus attraktive Möglichkeit darstellen, wie der Anleger sein Geld vermehren könnte.

- München - Preis pro Quadratmeter im Jahr 2016: 6.149 Euro / Preistrend: 1,3 Prozent/ bis zum Jahr 2030: 19,5 Prozent

- Frankfurt am Main - Preis pro Quadratmeter im Jahr 2016: 3.985 Euro / Preistrend: 0,5 Prozent / bis zum Jahr 2030: 7,5 Prozent

- Hamburg - Preis pro Quadratmeter im Jahr 2016: 3.884 Euro / Preistrend: 0,9 Prozent / bis zum Jahr 2030: 13,5 Prozent

- Stuttgart - Preis pro Quadratmeter im Jahr 2016: 3.535 Euro / Preistrend: 0,6 Prozent / bis zum Jahr 2030: 9,0 Prozent

- Berlin - Preis pro Quadratmeter im Jahr 2016: 3.247 Euro / Preistrend: 0,3 Prozent / bis zum Jahr 2030: 4,5 Prozent

- Düsseldorf - Preis pro Quadratmeter im Jahr 2016: 3.116 Euro / Preistrend: 0,9 Prozent / bis zum Jahr 2030: 13,5 Prozent

- Köln - Preis pro Quadratmeter im Jahr 2016: 3.017 Euro / Preistrend: 0,7 Prozent / bis zum Jahr 2030: 10,5 Prozent

- Nürnberg - Preis pro Quadratmeter im Jahr 2016: 2.525 Euro / Preistrend: 0,2 Prozent / bis zum Jahr 2030: 3,0 Prozent

- Dresden - Preis pro Quadratmeter im Jahr 2016: 2.009 Euro / Preistrend: 1,0 Prozent / bis zum Jahr 2030: 15 Prozent

- Hannover - Preis pro Quadratmeter im Jahr 2016: 1.877 Euro / Preistrend: -0,2 Prozent / bis zum Jahr 2030: -3 Prozent Prozent

- Bremen - Preis pro Quadratmeter im Jahr 2016: 1.826 Euro / Preistrend: 0,2 Prozent / bis zum Jahr 2030: 3,0 Prozent

- Leipzig - Preis pro Quadratmeter im Jahr 2016: 1.789 Euro / Preistrend: 0,6 Prozent / bis zum Jahr 2030: 9,0 Prozent

- Essen - Preis pro Quadratmeter im Jahr 2016: 1.436 Euro / Preistrend: -1,1 Prozent / bis zum Jahr 2030: -16,5 Prozent

Dortmund - Preis pro Quadratmeter im Jahr 2016: 1.417 Euro / Preistrend: -0,6 Prozent / bis zum Jahr 2030: -9,0 Prozent

Doch wie teuer sind die Häuser und Wohnungen im Durchschnitt?

Eigentumswohnung:

- Bis 40 Quadratmeter: 2.825 Euro/Quadratmeter = 113.000 Euro

- Zwischen 40 und 80 Quadratmeter: 2.600 Euro/Quadratmeter = 104.000 Euro bis 208.000 Euro

- Zwischen 80 und 120 Quadratmeter: 3.670 Euro/Quadratmeter = 293.600 Euro bis 440.400 Euro

Der durchschnittliche Quadratmeterpreis für die Eigentumswohnung in Deutschland = 2.933 Euro.

Häuser:

- Bis 100 Quadratmeter: 150.000 Euro

- Zwischen 100 und 140 Quadratmeter: 255.000 Euro

- Zwischen 140 und 180 Quadratmeter: 330.000 Euro

- Ab 180 Quadratmeter: 540.000 Euro

Der durchschnittliche Kaufpreis für ein Haus in Deutschland = 366.000 Euro

Wer sein Geld also in eine Immobilie investieren möchte, der muss sich bewusst sein, dass die aktuellen Preise extrem hoch sind. Das heißt aber noch lange nicht, dass Immobilien-Anlagen keine Gewinne mehr mit sich bringen.

Am Ende sind es nur ein paar Tipps und Tricks, die Ihre Immobilien-Anlage erfolgreich werden lassen (siehe das Kapitel "9 wertvolle Tipps, wenn Sie Ihr Geld in Immobilien anlegen wollen").

Direkte und indirekte Investitionsmöglichkeiten

Es gibt, wie bereits erwähnt, unzählige Menschen, die auf der Suche nach seriösen Kapitalanlagen sind. Schlussendlich haben uns die letzten Jahre sehr wohl gelehrt, dass sich die Finanzmärkte - innerhalb weniger Tage - drastisch verändern können. Genau deshalb interessieren sich viele Anleger nun für sichere Anlagen; natürlich wird ein geringes Risiko nicht zur Gänze abgelehnt, jedoch ist den Anlegern heutzutage eine sichere und niedrigere Rendite wichtiger. Doch welche Kapitalanlage ist seriös und verspricht eine durchaus passable Rendite? Die Antwort: Immobilien. Schon seit mehreren Jahren werden Immobilien empfohlen, wenn man für das Alter finanziell vorsorgen möchte. Zu Beginn muss sich der Anleger jedoch die Frage stellen, ob er direkt oder indirekt in das Betongold investieren will.

Die direkte Investition

Die direkte Anlage ist so etwas wie der Klassiker. Sie kaufen ein Haus oder eine Wohnung - Sie legen also Ihr Kapital in das Objekt an, das Sie einerseits kennen und andererseits auch nutzen können. Beliebt sind vor allem Einfamilienhäuser, Doppelhaushälften oder auch Reihenhäuser und natürlich auch Eigentumswohnungen. In der Regel handelt es sich um Immobilien, die vorwiegend im Grünen liegen und vor allem Familien ansprechen sollen. Von Vorteil ist auch der Umstand, wenn sich die Immobilie auf einem großen

Grundstück befindet, sodass noch genügend Platz für einen Garten ist. Das Nonplusultra stellt noch eine Garage dar, die direkt an das Haus angebaut ist, sodass ein direkter Zugang von der Garage in das Haus möglich ist. Soll dieses Objekt nicht selbst genutzt werden, so können Sie die Immobilie vermieten und eine recht stattliche Miete verlangen (siehe das Kapitel "Die Vermietung"/"Die Vermietung der Eigentumswohnung"). Problematisch ist jedoch der Umstand, dass der Erwerb einer derartigen Immobilie natürlich extrem hohe Kosten verursacht. Genau deshalb fällt die Rendite - vor allem zu Beginn der Veranlagung - relativ mager ausfällt (siehe das Kapitel "Die Berechnung der Rendite"). Doch Fakt ist, dass Immobilien, die auf einem großen Grundstück stehen, eine nachhaltige Anlage darstellen: Sie können also sicher sein, dass Sie, auf längere Sicht gesehen, eine recht hohe Rendite erzielen werden.

Auch Mehrfamilienhäuser sind durchaus beliebt. Wenn Sie sich für eine derartige Immobilie entscheiden, müssen Sie besonders die Lage berücksichtigen. Denn hier spielt vor allem die Infrastruktur eine große Rolle. Der Nachteil? Die Mieter können Probleme verursachen. Mietnomaden, also jene Personen, die mit Vorsatz die Wohnung beziehen und keine Miete bezahlen, sind genauso problematisch wie Mieter, die - unverschuldet oder auch nicht - in finanzielle Schwierigkeiten geraten und somit keine Mietvorschreibungen mehr bezahlen können. Je mehr Menschen in dem Haus wohnen, umso höher ist natürlich die Wahrscheinlichkeit, dass es zu Problemen kommen kann.

Aber auch Wohnungen, die vermietet und später verkauft werden können, stellen eine durchaus attraktive Alternative dar. Derartige Wohnungen sind vor allem dann interessant, wenn Sie keine extrem hohen

Summen investieren möchten oder die sicherste Variante wählen wollen, die im Zuge des direkten Immobilieninvestments zur Verfügung steht. Sie müssen sich jedoch bewusst sein, dass Sie - wenn ein Teil der Wohnungen verkauft wird und die restlichen Wohnungen noch vermietet werden - nicht der alleinige Eigentümer der Immobilie sind. So haben auch die Eigentümer, im Zuge von sogenannten Eigentümerversammlungen, ein Mitspracherecht.

Eine weitere Möglichkeit sind Gewerbeimmobilien. Derartige Immobilien sind jedoch nur für Anleger interessant, die auch ein hohes Risiko eingehen möchten oder können. Das Problem? Sie können zwar eine extrem hohe Rendite verbuchen, müssen aber immer bedenken, dass es zu einem jederzeitigen Einbruch kommen kann. Das Unternehmen, das sich eingemietet hat, kann Insolvenz anmelden; mitunter sind auch die Einnahmen derart gering, sodass der Mietvertrag - von Seiten des Mieters - gekündigt werden muss. Wenn Sie Ihr Geld in Gewerbeimmobilien investieren möchten, sollten Sie daher im Vorfeld zahlreiche Informationen einholen, sodass das Investment nicht in einer absoluten Katastrophe endet.

<u>Folgende Immobilien stehen Ihnen also für Direktinvestitionen zur Verfügung:</u>

- Einfamilienhäuser
- Mehrfamilienhäuser
- Doppelhaushälften
- Reihenhäuser
- Eigentumswohnungen

- Gewerbeimmobilien

Die indirekte Investition

Bei dieser Investition handelt es sich in der Regel um keine bestimmte Immobilie. Ein klassisches Beispiel ist der Immobilienfonds. Wenn der Anleger in einen Immobilienfonds investiert, so beteiligt er sich an mehreren Immobilien. Hier gilt jedoch zu unterscheiden, ob es sich um einen geschlossenen oder offenen Fonds handelt.

Die offenen Immobilienfonds

Die Anteile an einem offenen Immobilienfonds können Sie direkt bei der Bank Ihrer Wahl erwerben. Zu beachten ist, dass es keine Begrenzung bei der Höhe der Anteile gibt. Das heißt, dass neue Anleger, die in den Fonds investieren, dafür sorgen, dass das Vermögen des Fonds steigt. Steigt das Fondsvermögen, so erwirbt die Fondsgesellschaft weitere Immobilien. Zudem haben die offenen Immobilienfonds auch eine unbegrenzte Laufzeit. Sie können also immer wieder Anteile erwerben oder auch Anteile veräußern. Die Immobilien, die sich in dem Fonds befinden, werden von der Fondsgesellschaft verwaltet. Die Fondserträge, also die Einnahmen abzüglich der Kosten, werden den Anlegern als Gewinne ausgeschüttet. Handelt es sich um einen sehr gut gemanagten Fonds, so dürfen sich die Anleger über durchaus hohe Rendite freuen - die Rendite liegt sogar manchmal höher als jene, die im Zuge festverzinslicher Wertpapiere erzielt werden können. Die Erträge können aber auch direkt in neue Fondsobjekte fließen; in weiterer Folge kommt es zu einem Anstieg des Fondsvermögens. Zu beachten ist, dass offene Fonds vorwiegend in mehrere Objekte investieren, sodass Sie sicher sein können, dass eine breite Risikostreuung besteht. Verbucht eine der

Immobilien nicht den gewünschten Erfolg, so hat dieser Misserfolg nur sehr geringe Auswirkungen auf das gesamte Fondsvermögen. Zu beachten ist, dass Sie - wen Sie Anteile erwerben möchten - einen sogenannten Ausgabeaufschlag bezahlen müssen. Dieser kann, je nach Fonds, bis zu 5 Prozent betragen. Zudem müssen Sie auch die jährlichen Verwaltungskosten bezahlen; diese liegen zwischen 0,5 Prozent und 2,0 Prozent.

Der offene Immobilienfonds kann sehr wohl mit einem Aktienfonds verglichen werden - schlussendlich kann auch hier der Kurs eines Anteils schwanken. Kommt es zu Veränderungen bei den Erträgen oder auch zu Veränderungen des Verkehrswerts, so wirken sich diese natürlich auch auf den Anteilwert des Immobilienfonds aus. Zu den klassischen Immobilienrisiken gehören Mietausfälle oder auch Leerstände (siehe das Kapitel "Die Vermietung"/"Die Gefahren"). Des Weiteren hat das Jahr 2008, das Jahr der Finanzkrise, deutlich gezeigt, welches Risiko noch besteht: Fonds sind Kapitalanlagen, die jederzeit immer und jederzeit gehandelt werden - Immobilienfonds investieren jedoch nur in Anlageobjekte, die nicht kurzfristig wieder verkauft werden können. Soll eine Immobilie verkauft werden, so kann dieser Prozess oft Monate (oder sogar Jahre) dauern. Die Finanzkrise hat deutlich gezeigt, wie schwerwiegend dieses Problem werden kann: Zahlreiche Anleger wollten ihre Anteile verkaufen, jedoch reichten die Barreserven so einiger Fonds nicht aus, sodass die Anleger nicht einmal ausbezahlt werden konnten. Die Folge? Viele Fonds wurden zeitweise geschlossen; manche Fonds wurden sogar zur Gänze vom Markt genommen. Derartige Entwicklungen bedeuten herbe Verluste. Der Anleger kommt einerseits nicht sofort an sein Geld und muss sich andererseits bewusst sein, dass die Verkaufspreise - vor allem in Krisenzeiten - deutlich niedriger ausfallen. Das Jahr 2008, das viele Anleger in eine Art Schockstarre versetzte, hatte jedoch auch positive Auswirkungen, sodass die heutigen offenen Fonds anderen Gesetzesbestimmungen unterliegen. Heute können die offenen Immobilienfondsanteile nämlich nicht mehr zu jeder Zeit verkauft oder zurückgegeben werden.

Die Gesetzesänderungen im Überblick:

Die Haltedauer von Anteilen beträgt mindestens 24 Monate. Das heißt, dass der Anleger zwei Jahre warten muss, bis er seine Anteile veräußern kann.

Es gibt eine Rückgabeankündigungsfrist - der Anleger muss der Fondsgesellschaft ankündigen, dass er eine Rückgabe plant; in weiterer Folge bekommt er erst nach zwölf Monaten, jedoch frühestens zwei Jahre nach dem Erwerb der Anteile, das Geld zurück.

Auch für bestehende Anleger gab es Änderungen:

Hat der Anleger bereits vor dem 1. Januar 2013 Anteile erworben, so kann er - pro Halbjahr - Anteile um maximal 30.000 Euro zurückgeben. Wird der Maximalbetrag von 30.000 Euro überschritten, so muss er eine zwölfmonatige Kündigungsfrist einhalten.

Wurden zwischen dem 1. Januar und dem 21. Juli 2013 Anteile erworben, so können - pro Halbjahr - Anteile um maximal 30.000 Euro veräußert werden; für Beträge, die darüber hinausgehen, gilt eine Mindesthaltefrist (24 Monate). Auch in diesem Fall gilt eine zwölfmonatige Kündigungsfrist. Will der Anleger diese Regelungen jedoch umgehen, so muss er die Anteile über die Börse an einen börsentauglichen Anleger verkaufen. Hier muss natürlich überprüft werden, ob der Plan überhaupt rentabel (bezogen auf Angebot und Nachfrage) ist.

Die geschlossenen Immobilienfonds

Die geschlossenen Immobilienfonds stehen nur einer begrenzten Zahl von Anlegern zur Verfügung; sind alle Anteile verkauft, so kann kein neuer Anleger mehr einsteigen. In der Regel investieren derartige Fonds nur in ein Objekt. Hier bevorzugen die Initiatoren vorwiegend Logistik- oder Wohnimmobilien. Geschlossene Immobilienfonds sind zudem auch zeitlich befristet. Interessant ist jedoch der Umstand, dass es keinen im Vorfeld bestimmten Verkaufszeitpunkt gibt. Der Plan? Die Immobilie, in die zu Beginn investiert wurde, soll einfach nur gewinnbringend veräußert werden. In weiterer Folge werden die Anleger ausbezahlt. Zu beachten ist, dass die Mindestanlagebeträge deutlich höher als bei offenen Fonds sind. Wenn Sie sich für einen geschlossenen Immobilienfonds interessieren, so können Sie davon ausgehen, eine vier- bis fünfstellige Summe in den Fonds investieren zu müssen. Doch warum sind die Mindestanlagebeträge derart hoch? Die Fondsgesellschaft will einerseits die Zahl der Anleger klein halten und andererseits auch dafür sorgen, dass der Verwaltungsaufwand gering bleibt. Die Investoren haben, im Gegensatz zu einem offenen Immobilienfonds, nur ein geringeres Mitsprache- und Entscheidungsrecht.

Geschlossene Immobilienfonds werden zudem auch nicht direkt an der Börse gehandelt. Während der langjährigen Laufzeit ist es zudem auch nicht möglich, dass der Fonds an den Emittenten zurückgegeben wird. Somit handelt es sich um eine sehr langfristige Kapitalanlage. Möchte man dennoch die Anteile veräußern, so ist das nur über den sogenannten "grauen Kapitalmarkt" (der Zweitmarkt), möglich. Wer diesen Weg geht, der muss sich jedoch bewusst sein, dass er einen Verlust einfährt.

Die letzten Jahre haben gezeigt, dass geschlossene Fonds sehr wohl hohe Gewinne erzielen können, sofern diese azyklisch gehandelt werden. Die Immobilien wurden also in Zeiten eines schwachen Marktes gekauft und der Fonds in Boom-Zeiten aufgelöst. Ein weiterer Punkt, der von Bedeutung ist, ob der geschlossene Fonds erfolgreich sein wird oder nicht, befasst sich natürlich mit der Situation, wer die Mieter der Immobilie sind. Handelt es sich um langfristige und auch pünktlich zahlende Mieter, so stehen die Chancen hoch, dass der Anleger einen Gewinn erzielt. Mietausfälle oder Leerstände können den geschlossenen Fonds jedoch ins Schwanken bringen. Doch wenn Sie sich für einen geschlossenen Immobilienfonds entscheiden, dann müssen Sie auch andere Risiken berücksichtigen: Leider gibt es auch immer wieder "schwarze Schafe", also unseriöse Vertreter, die in der Vergangenheit extrem viel Geld vernichtet haben - zudem dürfen Sie auch nicht die Verwaltungskosten oder Provisionszahlungen außer Acht lassen, da jene Positionen Ihre Rendite auffressen. Immer wieder liegen derartige Kosten im zweistelligen Prozentbereich. Diese Gebühren fließen immer in den Fondsinitiator und niemals in die Immobilie. Ein weiteres Risiko: Viele geschlossene Fonds arbeiten nicht nur mit dem Geld der Anleger - in vielen Fonds wird auch mit Fremdkapital gearbeitet. Fällt einer der wichtigsten Mieter aus, so sorgt das Fremdkapital dafür, dass der Fonds schnell liquide wird. Dies deshalb, weil die Mieteinnahmen fehlen, um die Kapitalkosten zu decken. Hier spielt in weiterer Folge die Gesellschaftsform des Fonds eine wesentliche Rolle. So kann es vorkommen, dass die Anteilseigner persönlich haften; mitunter entsteht sogar eine Nachschusspflicht. Problematisch ist auch der Umstand, dass sich viele geschlossenen Fonds nur auf eine einzige Immobilie oder nur auf sehr wenige Objekte konzentrieren. Natürlich kann diese Strategie dazu führen, dass eine Wertsteigerung für hohe Gewinne sorgt, jedoch ist natürlich auch das genaue Gegenteil der Fall. Entwickelt sich das Investment nämlich nicht wie erhofft, so müssen die Anleger mit einem hohen Verlust rechnen.

Aktien

Selbstverständlich kann man auch in Immobilien-Aktien investieren. Aufgrund der Tatsache, dass sich der Immobilienmarkt im Aufwind befindet, dürfen sich auch all jene Anleger freuen, die Aktien von Gesellschaften besitzen, die in der Immobilienbranche tätig sind. Empfehlenswert sind etwa die Aktien des Wohnimmobilienkonzerns Vonovia. Noch im Jahr 2013 lag der Aktienkurs bei 17 Euro, nun befindet sich die Aktie bei über 35 Euro. Die Prognose? Steigend. Auch die Aktien der Gesellschaft LEG Immobilien sind durchaus interessant. Lag der Kurs im Jahr 2013 noch bei 40 Euro, so kostet eine Aktie nun um die 88 Euro.

Die guten Kursentwicklungen der Immobilien-Aktien passen natürlich zum sehr gut laufenden Immobilienmarkt des Landes. Die Kurse der Immobilien-Aktien werden auch nach oben klettern, solange die Konjunktur mitspielt und die Zuwanderung für eine rege Nachfrage sorgt. Jedoch ist zu beachten, dass Leitzinssatzerhöhungen durchaus das Ende der nach oben gehenden Aktienkurse bedeuten könnten. Da jedoch, so Mario Draghi, der Chef der Europäischen Zentralbank, noch keine Zinsanpassung geplant ist (aktuell beläuft sich der Leitzinssatz bei 0,0 Prozent), müssen all jene Anleger, die ihr Geld in Immobilien-Aktien investiert haben, noch keine Sorgen haben.

Welche Investitionsmöglichkeiten gibt es?

Investieren Sie in einen Immobilienfonds

Derartige Fonds sammeln die Gelder der Anleger; von den veranlagten Geldern werden neue Immobilien gekauft und bestehende Immobilien saniert oder verkauft. Als Investoren können Sie hier vor allem durch die Bandbreite profitieren. Zu beachten ist, dass die Fondshalter verpflichtet sind, 90 Prozent der Verkaufs- und Mieteinnahmen an die Inhaber des Fonds weiterzugeben. Handelt es sich um einen breit aufgebauten Fonds, so ist dieser sehr liquide, da er auf Geschäfts- und Privaträume setzt. Diese Strategie minimiert mögliche Ausfallrisiken (siehe Kapitel "Direkte und indirekte Investitionsmöglichkeiten" und "Die offenen Immobilienfonds"/"Die geschlossenen Immobilienfonds").

Steigen Sie in eine Investmentgruppe ein

Immobilien-Investmentgruppen setzen sich aus mindestens zwei Personen zusammen, die durch ihre Einsätze die Immobilien aufwerten und verwalten möchten, sodass diese wieder gewinnbringend veräußert werden können. Handelt es sich um einen großen Fonds, so können die Mitglieder selbst aktiv sein, mitwirken und somit auch Strategien und zahlreiche Tipps und Tricks lernen. Zu beachten ist, dass Investmentfondsgruppen immer privat arbeiten. Das heißt, dass die Rendite vom vereinbarten Vertrag abhängt. Zu beachten ist aber, dass Investmentfondsgruppen weniger liquide sind; oftmals müssen ein oder auch mehrere Immobilien oder Grundstücke verkauft werden, damit ein Mitglied aussteigen kann.

<u>Kaufen Sie eine Immobilie und werten Sie diese auf, sodass sie gewinnbringend verkauft werden kann</u>

In diesem Fall spricht man vom sogenannten Kurzeigentum. Diese Veranlagung verspricht die mit Abstand höchste Rendite. Wichtig ist, dass sich die Investoren für Appartementkomplexe oder auch diverse Geschäftsgebäude interessieren, in denen entweder fällige Instandhaltungsmaßnahmen dokumentiert wurden oder ältere Ausstattungen das Bild prägen. Da es sich um ein renovierungsbedürftiges Objekt handelt, sollte der Anleger besonders auf den Preis achten. Zudem muss der Anleger schon im Vorfeld Informationen eingeholt haben, wie hoch die Renovierungskosten sein werden. Schlussendlich haben alle Ausgaben, die der Anleger tätigen muss, wenn er das Objekt renoviert, natürlich auch Auswirkungen auf die zu erzielende Rendite (siehe das Kapitel "Die Berechnung der Rendite"). Einerseits kann die Immobilie von einer Baufirma renoviert werden, andererseits kann der Anleger auch selbst aktiv werden und kleinere Arbeiten in Eigenregie durchführen. Auch der weitere Verkauf sollte gut überlegt sein. Wird ein Makler engagiert, so müssen auch die Gebühren, die im Zuge des Verkaufs vom Verkäufer getragen werden müssen, Berücksichtigung finden (siehe das Kapitel "Der gewinnbringende Verkauf der Immobilie"/"Soll das Haus über einen Makler verkauft werden?"). Entscheidet sich der Anleger für diese Strategie, so muss er immer darauf achten, dass die Kosten, die im Zuge des Erwerbs, der Renovierung und des Verkaufs anfallen, so gering wie möglich gehalten werden. Nur so kann sich am Ende eine durchaus stattliche Rendite ergeben.

Werden Sie Immobilieneigentümer und erzielen Sie regelmäßige Erträge

Der Anleger kann Häuser, Geschäfte oder auch Wohnungen kaufen. Wird er zum Eigentümer der Immobilie, so kann er diese in weiterer Folge an Dritte vermieten (siehe das Kapitel "Die Vermietung"). Der Anleger erzielt also Mieteinnahmen. Natürlich kann er die Immobilie auch wieder verkaufen. Ist der Anleger der Besitzer, so baut er sich ein passives Einkommen mit den Mieteinnahmen auf; wird er Jahre später zum Verkäufer, so kann er mitunter auch noch einen gewinnbringenden Verkaufserlös erzielen. Wichtig ist, dass hier natürlich auch allfällige Reparaturen und Instandhaltungsarbeiten berücksichtigt werden. Neue Böden, neue Wandfarben oder auch neue Elektroinstallationen kosten Geld und sorgen dafür, dass die Rendite schrumpft.

Investieren Sie über eine sogenannte Crowdinvesting-Plattform

Crowdinvesting für Immobilien, eine bestimmte Form der sogenannten Schwarmfinanzierung, bietet den Anlegern die Möglichkeit, dass sie in ausgewählte Immobilienprojekte investieren können. Wichtig ist, dass im Vorfeld natürlich die Projekte der unterschiedlichen Crowdinvesting Plattform überprüft werden; auch die Konditionen dürfen hier keinesfalls außer Acht gelassen werden. Der Anleger, der sein Geld in ein Projekt investiert, mutiert hier zum Geldgeber, der sich über eine feste Verzinsung freuen darf.

Tipps und Tricks

Wenn Sie eine Immobilie gefunden haben, in die Sie Ihr Geld investieren wollen, sollten Sie den Wert der

Immobilie schätzen lassen. Wichtig ist auch, dass noch vor dem Kauf geschätzt wird, wie viel Geld für notwendige Reparaturen oder auch Instandsetzungen benötigt wird. Der daraus resultierende Gesamtbetrag ist die Richtschnur, sodass Sie wissen, ob es sich um eine gute oder eher schlechte Investition handelt.

Farbe, Reinigung, Begrünung und auch der Ersatz von kaputten Möbeln - all jene Faktoren kosten nicht viel Geld, lassen den Wert der Immobilie aber in die Höhe schießen!

Wichtig ist, dass der Preis pro Quadratmeter berechnet wird. In diesem Fall sollten Sie jene fünf Objekte in der näheren Umgebung heranziehen, die den niedrigsten Quadratmeterpreis haben. Versuchen Sie im Rahmen der Kalkulation immer in diesem Rahmen zu bleiben.

Befindet sich in dem Objekt eine Einbauküche, so können neue Griffe und auch eine neue Spüle dafür sorgen, dass die Küche optisch neu wirkt. Natürlich müssen defekte Geräte ausgetauscht werden, sodass die Küche nicht wertmindernd wirkt.

Halten Sie zudem Ausschau nach Objekten, die scheinbar nicht optimal gewartet werden. Abgeplatzte Farbe am Zaun, bröckeliger Zement, verblasste Fensterrahmen - derartige Schönheitsfehler können problemlos ausgebessert werden. Somit können Sie, aufgrund der leichten Mängel, die Immobilie kostengünstig erwerben und in weiterer Folge sehr gewinnbringend verkaufen.

9 wertvolle Tipps, wenn Sie Ihr Geld in Immobilien anlegen wollen

1 - die Lage

Das wohl wichtigste Auswahlkriterium? Die regionale Umgebung. Auch wenn es in den kommenden Jahren zu einer demografischen Veränderung kommen wird, so bleibt dennoch der Bedarf nach Eigenheimen bestehen. Genau dort, wo auch schon heute ein aktiver Markt besteht, wird es auch in naher Zukunft Eigenheimimmobilien geben, die sich hervorragend verkaufen lassen. Vor allem ist es dabei auch die Immobilie im Ballungsraum, die den Wert halten oder mitunter auch steigern kann. Die Prognose sieht jedoch anders aus, wenn man sich für Immobilien in ländlichen Regionen interessiert. Ob in naher Zukunft die Immobilien, die sich außerhalb der Ballungsräume befinden, im Wert steigern können? Es gibt unterschiedliche Meinungen (siehe das Kapitel "Seit Jahren steigen die Immobilienpreise - ist bereits ein Ende in Sicht?"). Einerseits kann davon ausgegangen werden, dass die Immobilienpreise in den Ballungsräumen steigen werden, sodass sich immer mehr Menschen für Immobilien in den ländlichen Regionen interessieren, weil diese preiswerter sind. In weiterer Folge würde es auch hier zu einer Wertsteigerung kommen. Andererseits besteht natürlich die Möglichkeit, dass die Immobilien in den Ballungsräumen die Preisobergrenze erreichen und die Werte stabil bleiben. In diesem Fall würden auch die Werte jener Immobilien stabil bleiben, die sich in den ländlichen Räumen befinden. Auch heute gibt es hier schon einen markanten

Preisunterschied, sodass - im Falle dieses Szenarios - ländliche Immobilien niemals mit den städtischen Objekten mithalten werden können. Auch Regionen, in denen sich nur wenige Unternehmen befinden, sollten mit Vorsicht genossen werden. Verschwinden die Unternehmen aus der Region, so sinkt auch der Wiederverkaufswert der Immobilie, weil die Umgebung unattraktiver geworden ist.

Wenn Sie sich also für eine Immobilie interessieren, so achten Sie unbedingt auf die Lage. Wichtig ist, dass eine ausgewogene Kombination aus einer guten Infrastruktur, einer guten Verkehrsverbindung und auch einer ruhigeren Wohngehend besteht. Das heißt, dass es Nahversorger, Kindergärten und Schulen (Infrastruktur), öffentliche Nahverkehrsmittel (Verkehrsanbindungen) und auch wenig Durchzugsverkehr (ruhige Wohngehend) gibt. Am Ende sind es nicht die spektakulären Lagen, die den Preis nach oben treiben - es sind die richtigen Lagen, die die Anlage besonders attraktiv machen.

Fakt ist, dass die Lage der Immobilie nicht nur für den Ertrag der Immobilie von Bedeutung ist; die Lage hat natürlich auch einen Einfluss auf die Wertsteigerung.

2 - die Ausstattung

Wichtig ist, dass sich die Wohnung (oder das Haus) in einem sehr guten Zustand befindet. Die Ausstattung, sofern eine vorhanden ist, sollte zeitgemäß sein. Zudem müssen auch die Sanitäranlagen allesamt funktionieren. Moderne Einbauküchen sind ein Vorteil; auch dann, wenn die Wohnung sonst nicht möbliert sein sollte, sind Einbauküchen als Wertsteigerung anzusehen. Ein weiterer Punkt, der in der heutigen Zeit keinesfalls ignoriert werden darf - gibt es einen oder mehrere Anschlüsse für das Internet? Handelt es sich um eine Wohnung, so ist natürlich die Infrastruktur des gesamten Objektes zu beurteilen. Gibt es Abstellräume? Steht den Mietern eine Waschküche zur Verfügung? Verfügen alle Wohnungen über ein eigenes Kellerabteil? Gibt es einen Lift?

Haben Sie eine billige Wohnung gefunden, so werden Sie keine Freude haben, wenn es im Haus ständig Probleme gibt, um die Sie sich kümmern müssen. Jede Renovierung, die der Eigentümer vornehmen lassen muss, reduziert automatisch den Gewinn. Genau deshalb ist es wichtig, dass sich das Objekt in einem guten Zustand befindet. Auch wenn der Kaufpreis vermutlich eine Spur höher ist, so profitieren Sie dennoch, weil unvorhergesehene Kosten fast zur Gänze ausgeschlossen werden können. Natürlich fallen Renovierungen oder Instandhaltungsarbeiten an, jedoch starten Sie das Projekt nicht gleich mit diversen Arbeiten, die die Gewinne - schon zu Beginn - auffressen.

3 - die Größe des Objekts

Der Trend zeigt, dass sich immer mehr Menschen für Zwei-Zimmer-Wohnungen interessieren, die eine Wohnnutzfläche zwischen 50 und 70 Quadratmeter haben. Wichtig sind aber nicht unbedingt die Anzahl der Räume; heutzutage achten die Mieter und Käufer vorwiegend auf die Raumaufteilung. Größere Wohnungen sind, aufgrund der hohen Mieten, in der Regel schwieriger zu vermieten. Genau deshalb ist es empfehlenswert, wenn Sie zwei Wohnungen zu je 55 Quadratmeter vermieten; eine Wohnung, die rund 110 Quadratmeter hat, kann heutzutage nur sehr schwer vermietet werden.

Haben Sie sich für ein Anlageprojekt entschieden, so

verzichten Sie unbedingt auf spektakuläre Grundrisse oder Details. Diese kosten immer Geld - nur selten sind die Mieter auch bereit, für derartige Extras mehr Geld bezahlen zu wollen. Des Weiteren sind derartige Extras auch oftmals dann im Weg, wenn das Objekt verkauft werden soll. Schlussendlich müssen Sie erst einmal einen Käufer finden, der - aufgrund der zahlreichen Extras - noch tiefer in die Tasche greifen möchte.

4 - die Anlegerwohnung muss nicht möbliert sein

Immer wieder stellt man sich die Frage, ob die Wohnung möbliert sein sollte. Diese Frage ist jedoch leicht zu beantworten - nein. Nur sehr wenige Menschen wollen in einer Wohnung wohnen, in der fremde Möbel stehen. Das hat einerseits etwas mit dem eigenen Geschmack zu tun und andererseits auch mit der Tatsache, dass viele Mieter nicht in einer sogenannten "Second-Hand-Wohnung" wohnen möchten. Schlussendlich haben die zukünftigen Mieter bereits selbst schon in einer Wohnung gewohnt und werden daher auch über Möbel verfügen, die sie nicht unbedingt auf den Sperrmüll werfen wollen. Die Einbauküche ist hier natürlich die Ausnahme. Es gibt wohl keinen Mieter, der sich nicht freut, wenn in der neuen Wohnung eine schöne Einbauküche steht.

5 - das Anlageobjekt soll attraktiv sein

Haben Sie die Grundvoraussetzungen (und somit die Tipps 1 bis 4) erfüllt, so können Sie natürlich auch auf Aspekte Rücksicht nehmen, die das Objekt definitiv attraktiver machen. Dazu gehören etwa ein eigener Garagenplatz, eine Wanne im Badezimmer, eine vor Einbruch schützende Sicherheitstür, ein Balkon oder auch eine Sonnenterrasse. Derartige Extras sorgen dafür, dass sich das Objekt von anderen Angeboten abhebt und mehr Interessenten anlockt.

6 - die Berechnung der Rendite

Die Brutto-Rendite lässt sich anhand folgender Formel berechnen: Jahres-Rohertrag (das sind die Mieteinnahmen abzüglich der Umsatzsteuer) x 100 / Gesamtkaufpreis.

Die sogenannte Netto-Rendite errechnet sich folgendermaßen: Jahres-Reinertrag (das ist der Jahres-Rohertrag abzüglich der Bewirtschaftungskosten) x 100 / Gesamtkaufpreis (siehe das Kapitel "Die Berechnung der Rendite").

7 - das Investitionsvolumen

Natürlich stellen sich viele Anleger die Frage, wie hoch das Investitionsvolumen sein muss, wenn in Immobilien investiert werden soll. In der Regel geht man davon aus, dass die Investitionssumme mindestens 50.000 Euro betragen muss, sodass das Immobilien-Investment auch tatsächlich Sinn macht. Stehen dem Anleger 100.000 Euro oder sogar mehr zur Verfügung, so sollte der Betrag nicht nur in eine Immobilie investiert werden. Zwei oder drei Immobilien senken das Risiko, weil die Gefahr von Leerständen reduziert wird (siehe das Kapitel "Die Vermietung"/"Die Gefahren"). Die Frage, wie hoch das Fremdkapital sein soll, damit derartige Summen investiert werden können, sofern das Ersparte nicht ausreicht, muss sich jeder Anleger selbst beantworten. Je höher das Fremdkapital, umso höher ist natürlich auch das Risiko; des Weiteren sind auch mehr Zinsen zu bezahlen, die einen Einfluss auf die Rendite haben.

8 - die Steuern

Erzielt der Anleger aus der Wohnung Einkünfte aus der Vermietung oder auch Verpachtung, so müssen diese Einnahmen natürlich versteuert werden (siehe das Kapitel "Steuerliche Aspekte"). Alle Aufwendungen, die hingegen mit der Bewirtschaftung des Objekts stehen, können hingegen steuerlich abgesetzt werden. Darunter fallen auch die Zinsen für bestehende Fremdfinanzierungen, Maklergebühren, Finanzierungsnebenkosten, Abschreibungen oder auch Hausverwaltungs- und auch Steuerberatungskosten. Aufgrund der Tatsache, dass der Anleger beim Kauf auch eine Vermietungstätigkeit vollzieht, ist der Anleger - auch während der Bewirtschaftung - zum Vorsteuerabzug berechtigt. Er bekommt also eine Rückvergütung der Umsatzsteuer.

Doch auch wenn die steuerlichen Aspekte - zumindest auf den ersten Blick - für die Anleger recht vielversprechend sind, muss man dennoch vorsichtig sein: Selbstverständlich kann es verlockend sein, etwaige Anfangsverluste - so etwa durch Fremdfinanzierungen, Renovierungskosten oder sonstige Abschreibungen - mit positiven Einkünften, wie etwa dem eigenen Einkommen, auszugleichen. Somit kommt es zu einer erheblichen Reduktion der Gesamtsteuerbelastung. Die Verluste können aber nur dann steuerlich anerkannt werden, wenn die Vermietung innerhalb eines Zeitraumes einen Gesamtüberschuss erzielt - jene Überschüsse, die also in den späteren Jahren erzielt werden, müssen somit die Verluste der Anfangsjahre übertrumpfen. Tritt dieser Fall nicht ein, so wird dem Anleger "Liebhaberei" unterstellt; die Verluste werden also steuerlich nicht akzeptiert.

9 - Hilfe holen

Wer sicher sein will, dass das Anlage-Objekt tatsächlich empfehlenswert ist, kann natürlich auch einen Experten kontaktieren und um Rat fragen. Hier stehen vor allem Immobilien-Treuhänder zur Verfügung, die Sie bei der Suche nach Anlage-Objekten unterstützen und zudem auch eine Hilfe sind, wenn Sie Mieter benötigen. Sehr gute Immobilien-Treuhänder werden "Full-Service-Pakete" anbieten - das heißt, dass der Immobilien-Treuhänder von Anfang (Suche nach der passenden Immobilie) bis zum Ende (die letzte freie Immobilie wurde vermietet) an Ihrer Seite sein wird.

Die Immobilie als Altersvorsorge

Herrschen wirtschaftlich unsichere Zeiten, so entscheiden sich die Anleger fast immer für sichere Werte - das ist auch der Grund, warum seit geraumer Zeit das Geld in Immobilien investiert wird. Aber nicht jedes Objekt ist eine sichere Geldanlage. Wenn Sie mit dem Gedanken spielen, Ihr Geld in Immobilien zu investieren, sollten Sie sich einerseits über den Markt informieren und andererseits natürlich auch ein paar Tipps und Tricks berücksichtigen (siehe das Kapitel "9 wertvolle Tipps, wenn Sie Ihr Geld in Immobilien anlegen wollen").

Fakt ist, dass es auf die Ersparnisse keine Wertbestandsgarantie mehr gibt. Selbst bekannte und große Kreditinstitute können oftmals keine Garantie mehr geben. Dennoch haben die Anleger verschiedene Möglichkeiten, wie sie ihr Kapital langfristig vermehren können. In den letzten Jahren sind vor allem die Immobilien in den Mittelpunkt gerückt. Immobilien waren schon immer eine recht sichere Veranlagungsart. Die Ausnahme? Ein Zinshaus. Eine derartige Anlage ist hochspekulativ. Selbstverständlich werden Sie sich jetzt die Frage stellen, ob es überhaupt möglich ist, in Immobilien zu investieren - schlussendlich sind Immobilien extrem teuer. Vor allem hat der seit Jahren anhaltende Immobilien-Boom, ausgelöst durch die Niedrigzinsphase und die damit verbundene Kreditflut (siehe das Kapitel "Seit Jahren steigen die Immobilienpreise - ist bereits ein Ende in Sicht?"), die Immobilienpreise extrem in die Höhe getrieben. Doch es gibt weitere Möglichkeiten, sodass Sie eine Immobilie erwerben können. Wenn Ihnen der Anschaffungspreis zu hoch ist, dann können Sie auch Ihr Geld in Gesellschaften investieren, die für Sie in Immobilien investieren (siehe auch das Kapitel "Direkte und indirekte Investitionsmöglichkeiten").

Besonders wichtig ist das persönliche Portfolio, das natürlich danach ausgerichtet wird, wie risikofreudig Sie tatsächlich sind. Ganz oben steht die Diversifikation - die Risikostreuung. Setzen Sie Ihr gesamtes Erspartes auf eine Karte, so ist die Chance zwar hoch, dass Sie sich über eine ordentliche Rendite freuen können, müssen Sich aber durchaus bewusst sein, dass sich der Wind auch drehen kann und herbe Verluste verbucht werden müssen.

Stellen Sie sich also im Vorfeld ein paar Fragen:

- Wie viel Geld können Sie überhaupt veranlagen?
- Wie viel Geld wollen Sie veranlagen?
- Haben Sie einen kurz- oder eher langfristigen Anlagehorizont?
- Viele Banken empfehlen, dass sich im Portfolio zwischen 5 Prozent und 15 Prozent Immobilienanteile befinden sollten.

<u>Wer eine Immobilie als Altersvorsorge erwerben will, muss folgende Aspekte berücksichtigen:</u>

Zu beachten ist, dass ein Immobilienkauf nur dann möglich wird, wenn auch genügend Geld zur Verfügung steht. In der Regel empfehlen Banken Eigenmittel in der Höhe von 30 Prozent. Dabei stellen die 30

Prozent Eigenmittel jedoch die Untergrenze dar. Empfehlenswerter sind 40 bis 50 Prozent Eigenmittel, sodass eine relative Risikofreiheit gewährleistet werden kann. Je geringer nämlich der tatsächliche Anteil an Fremdmitteln ist, umso niedriger Fallen natürlich auch die Zinsen aus. Natürlich bieten die Banken auch sogenannte "Vollfinanzierungen" (inklusive Kaufnebenkosten) an; derartige Finanzierungen sind jedoch nicht empfehlenswert (siehe das Buch "Immobilien-Investments für Fortgeschrittene")

Wenn Sie Ihre Finanzen mit einer Immobilie absichern möchten, dann können Sie zukünftig wirtschaftliche Entwicklungen durchaus gelassener betrachten. Die letzten Jahre und auch Jahrzehnte haben eindrucksvoll gezeigt, dass es kein anderes Altersvorsorgeprodukt gibt, das mit den Immobilien mithalten kann. Auch wenn die Immobilie zuerst zwar abbezahlt werden muss, so ergeben sich - auf langfristige Sicht - zahlreiche Vorteile: Sie besitzen im Alter eine eigene Immobilie, sodass Sie automatisch mehr Geldvermögen besitzen, da Sie keine Miete bezahlen müssen; des Weiteren steigt die Immobilie im Wert (siehe das Buch "Immobilien-Investments für Fortgeschrittene").

Die Vermietung

Kann die erworbene Immobilie ertragreich an Dritte vermietet werden, so wird sich das Objekt - im Laufe der nächsten Jahre - von selbst finanzieren. Im Idealfall werden von den Mieteinnahmen die Raten der Fremdfinanzierung getilgt. Nach wenigen Jahren verfügen Sie über eine schuldenfreie Immobilie, für die Sie - rückblickend - aber keinen Cent bezahlt haben; mitunter haben Sie, trotz der Fremdfinanzierung, sogar einen Gewinn lukrieren können. Es spielt keine Rolle, ob Sie eine oder mehrere Eigentumswohnungen oder ein Haus vermieten. Wichtig ist, dass Sie Mieteinnahmen erzielen, sodass die Immobilie keine tatsächlichen Kosten verursacht.

Die Vermietung der Ferienwohnung

Die Tatsache, dass die europäischen Märkte geöffnet wurden, hat natürlich auch Auswirkungen auf den Immobilienmarkt. Heutzutage können - innerhalb der Europäischen Union - durchaus interessante Immobilien gefunden werden, die durchaus eine vielversprechende Anlage darstellen. Die Rede ist von kleinen Ferienhäusern oder auch Ferienwohnungen, die entweder selbst genutzt oder auch vermietet werden können. Vor allem dürfen sich die Anleger über recht hohe Mieteinnahmen freuen, wenn sich das Objekt in einer beliebten Gegend befindet und während der Sommerzeit intensiv von Touristen genutzt wird. Zudem kann der Anleger das Objekt auch selbst nutzen und muss in weiterer Folge nur noch für den Flug (oder den Sprit bei einer Autofahrt) bezahlen. Genau deshalb empfehlen viele Experten auch die Suche auszuweiten und sich auf Objekte zu konzentrieren, die sich in Urlaubsländern befinden.

Hat der Anleger das passende Objekt gefunden, kann er mitunter auch Städteurlaubern eine interessante Alternative bieten oder seine Wohnung auch Geschäftsreisenden zur Verfügung stellen. Somit darf sich der Eigentümer über ganzjährige Mieteinnahmen freuen. Das heißt, dass derartige Objekte, die das ganze Jahr genutzt werden können, natürlich empfehlenswerter als klassische Ferienwohnungen sind. Handelt es sich um ein reines Feriendomizil, so werden wohl nur im Sommer hohe Mieteinnahmen lukriert.

Die Vermietung der Eigentumswohnung

Interessant sind vor allem jene Wohnungen, die sich in einer zentralen Lage befinden. Natürlich darf auch die Infrastruktur nicht zur Gänze ignoriert werden. Bedenken Sie jedoch, dass Sie für Eigentumswohnungen, die sich in einer sehr guten Lage befinden, auch höhere Anschaffungskosten zu tragen haben. Fraglich ist in diesem Zusammenhang natürlich auch, ob in weiterer Folge derart hohe Mietvorschreibungen verlangt werden können, sodass das Objekt dennoch eine stattliche Rendite mit sich bringt. Je höher nämlich der tatsächliche Anschaffungspreis, umso höher müssen die Mietvorschreibungen sein, damit Sie sich über einen ordentlichen Gewinn freuen können. Doch Sie müssen sich in diesem Fall natürlich bewusst sein, dass es nur wenige Personen gibt, die für 60

Quadratmeter mehr als 1.000 Euro bezahlen möchten (oder können). Finden Sie also keinen Mieter, so müssen Sie die Höhe der Mietvorschreibung auch nach unten korrigieren. Wohnungen, die sich in einer guten Lage befinden, werden natürlich Interessenten anlocken; bieten Sie die Wohnung zu einem fairen Preis an, so müssen Sie in der Regel keinen Leerstand befürchten. Vor allem locken Wohnungen mit einem Balkon, einer Terrasse, einer eigenen Garage oder auch einer Badewanne die Interessanten an. Anders hingegen, wenn Sie eine Immobilie in einer eher unterdurchschnittlichen Lage erwerben: Hier mag der Anschaffungspreis zwar weitaus günstiger sein, jedoch stellen sich viele Mieter natürlich die Frage, ob sie in einer Gegend wohnen möchten, die diverse Nachteile mit sich bringt (in der Nähe gibt es keine Schule, wenige öffentliche Verkehrsmittel, hohes Verkehrsaufkommen).

Doch welche Faktoren machen eine Eigentumswohnung erst so richtig interessant? Der Mieter möchte in der Nähe des Stadtkerns sein, sich jedoch schnell im Grünen befinden. Wichtig sind auch öffentliche Verkehrsmittel und auch Einkaufsmöglichkeiten.

Wichtig ist, dass Sie natürlich eine große Zielgruppe ansprechen - wenn Sie eine außergewöhnliche Wohnung vermieten möchten, werden Sie mitunter nur wenige Menschen ansprechen, die sich dieses Objekt überhaupt leisten können (oder wollen). Fakt ist, dass die Kosten für eine Wohnung zwischen 30 Prozent und 35 Prozent des erzielten Nettoeinkommens betragen sollte. Die Vorsorgewohnung sollte daher - im Durchschnitt - nicht mehr als 500 Euro bis 800 Euro (brutto) kosten. Als Vermieter müssen Sie aber immer in Nettobeträgen rechnen - als Mieter hingegen in Bruttobeträgen (also inklusive Betriebskosten und

Umsatzsteuer).

Ideal sind natürlich Wohnungen, in die die Mieter sofort einziehen können. Das heißt, dass die Wohnung frisch ausgemalt sein sollte; eine Küche ist von Vorteil, wobei es sich hier nicht unbedingt um eine Einbauküche handeln muss. In der Regel genügt auch eine klassische Komplettküche. Das bedeutet, dass sich in der Küche alle notwendigen Geräte - also Herd, Geschirrspüler, Kühlschrank oder auch eine Mikrowelle - befinden.

Die Vermietung des Einfamilienhauses

Natürlich kann auch ein Einfamilienhaus vermietet werden. Die Gründe sind vielfältig: Das Haus wird nicht mehr genutzt, wurde geerbt oder ist zu groß geworden, soll aber nicht endgültig verkauft werden. Beachten Sie, dass dieselben Spielregeln zu beachten sind, die auch für die Vermietung einer Wohnung angewendet werden sollten (siehe das Buch "Immobilien-Investments für Fortgeschrittene").

Die Gefahren

Leerstände bedeuten nichts anderes als einen entgangenen Gewinn. Das ist vor allem zu Beginn extrem gefährlich. Wurde für die Wohnung nämlich eine Fremdfinanzierung aufgenommen, so müssen Sie folgende Dinge berücksichtigen: Die Fremdfinanzierung setzt sich aus einem Kapital- und einem Zinsanteil zusammen; zu Beginn bezahlen Sie vorwiegend die Zinsen - erst nach einigen Jahren verändert sich das Verhältnis, sodass der Großteil der monatlichen Rate den Kredit tilgt.

Natürlich steigt auch das Risiko, wenn Sie mit einer hohen Rendite spekulieren. Sie müssen sich bewusst sein, dass eine höhere Rendite auch immer ein höheres Risiko bedeutet. Wenn Sie auf der sicheren Seite bleiben möchten, dann müssen Sie sich von Anfang an bewusst sein, dass die Sicherheit auch Auswirkungen auf die zu erzielende Rendite haben wird. Man kann in diesem Fall auch keine Tipps geben - Sie müssen sich diese Frage also selbst beantworten, welches Risiko Sie eingehen möchten und für sich selbst entscheiden, ob das Risiko in Relation mit der möglichen Rendite steht.

Der gewinnbringende Verkauf der Immobilie

Fakt ist, dass die Preise steigen und steigen (siehe das Kapitel "Seit Jahren steigen die Immobilienpreise - ist bereits ein Ende in Sicht?"). Vor allem in den beliebten Regionen werden extrem hohe Preise für Eigentumswohnungen oder auch Einfamilienhäuser erzielt. Sollten Eigentümer also nun ihre Immobilie verkaufen? Manche Experten würden das Vorhaben bejahen, andere Experten würden wohl eher dazu raten, die nächsten Wochen oder Monate abzuwarten; wer nämlich zu Beginn des Jahres ein Haus für 300.000 Euro verkaufen will, kann gegen Ende des Jahres mitunter sogar 310.000 Euro oder sogar 320.000 Euro bekommen. Wer vielleicht noch zwei oder drei Jahre wartet, der kann den Preis sogar noch auf 340.000 Euro oder 360.000 Euro erhöhen. Natürlich kann sich der Markt auch in die andere Richtung bewegen, sodass aus dem Verkaufspreis, der zu Beginn des Jahres bei 300.000 Euro lag, in zwei Jahren nicht einmal annähernd erzielt werden kann, weil der Markt eingebrochen ist. Das mag zwar, zumindest aus aktueller Sicht, unrealistisch sein, jedoch darf das Risiko, dass es zu einer Trendumkehr kommt, niemals ausgeschlossen werden.

Soll das Haus über einen Makler verkauft werden?

Zu Beginn stellt sich natürlich die Frage, ob die Immobilie über einen Makler oder direkt vom Eigentümer verkauft werden soll.

Wenn Sie sich für einen Makler entscheiden, dann müssen Sie berücksichtigen, dass Sie eine sogenannte Maklercourtage (Maklerprovision) bezahlen müssen, die natürlich einen Einfluss auf den Gewinn hat.

<u>Die Höhe der Provision ist nicht bundesweit geregelt.</u>

- Die Maklergebühren im Detail (Stand 2017):

- Baden-Württemberg: 7,14 Prozent (3,57 Prozent trägt der Verkäufer, 3,57 Prozent trägt der Verkäufer)

- Bayern: 7,14 Prozent (3,57 Prozent trägt der Verkäufer, 3,57 Prozent trägt der Verkäufer)

- Berlin: 7,14 Prozent (wird zur Gänze vom Käufer getragen)

- Brandenburg: 7,14 Prozent (wird zur Gänze vom Käufer getragen)

- Bremen: 5,95 Prozent (wird zur Gänze vom Käufer getragen)

- Hamburg: 6,25 Prozent (wird zur Gänze vom Käufer getragen)

- Hessen: 5,95 Prozent (wird zur Gänze vom Käufer getragen)

- Mecklenburg-Vorpommern: 5,95 Prozent (2,38 Prozent trägt der Verkäufer, 3,57 Prozent trägt der Verkäufer)

- Niedersachsen: 7,14 Prozent (3,57 Prozent trägt der Verkäufer, 3,57 Prozent trägt der Verkäufer) oder 4,76 Prozent oder 5,95 Prozent (werden zur Gänze vom Käufer getragen)

- Nordrhein-Westfalen: 7,14 Prozent (3,57 Prozent trägt der Verkäufer, 3,57 Prozent trägt der Verkäufer)

- Rheinland-Pfalz: 7,14 Prozent (3,57 Prozent trägt der Verkäufer, 3,57 Prozent trägt der Verkäufer)

- Saarland: 7,14 Prozent (3,57 Prozent trägt der Verkäufer, 3,57 Prozent trägt der Verkäufer)

- Sachsen: 7,14 Prozent (3,57 Prozent trägt der Verkäufer, 3,57 Prozent trägt der Verkäufer)

- Sachsen-Anhalt: 7,14 Prozent (3,57 Prozent trägt der Verkäufer, 3,57 Prozent trägt der Verkäufer)

- Schleswig-Holstein: 7,14 Prozent (3,57 Prozent trägt der Verkäufer, 3,57 Prozent trägt der Verkäufer)

- Thüringen: 7,14 Prozent (3,57 Prozent trägt der Verkäufer, 3,57 Prozent trägt der Verkäufer)

Der Privatverkauf

Entscheiden Sie sich für den Privatverkauf der Immobilie, sollten Sie folgende Tipps und Tricks befolgen:

<u>Nehmen Sie sich Zeit</u>

Stellen Sie sich darauf ein, dass die Immobilie, ganz egal, wie gut der Markt läuft, nicht innerhalb eines Tages verkauft wird. Zu Beginn müssen Sie den Verkauf vorbereiten - dieser Prozess benötigt Zeit. Rechnen Sie damit, dass es schon einmal eine Woche dauern kann, bis Sie alle Unterlagen haben, ein Exposé besitzen und die Immobilie auf diversen Plattformen zu finden ist.

<u>Die Unterlagen</u>

Wenn Sie das Objekt verkaufen wollen, dann brauchen Sie jene Unterlagen bei der Hand, die vor allem die Interessenten interessieren: Das sind etwa der Grundriss der Immobilie, der technische Zustand und auch Belege über die Ausstattung der Wohnung (Belege über Instandhaltungs- und Renovierungsarbeiten und dergleichen).

<u>Die Präsentation der Immobilie</u>

Die Immobilie darf nicht ungemütlich wirken oder unordentlich sein. Bevor Sie also die ersten Interessenten das Objekt besichtigen lassen, sollten Sie dafür sorgen, dass der Wohnbereich sauber ist. Zudem lohnt es sich, wenn Sie kleine Renovierungsarbeiten durchführen. Ist die Wandfarbe bereits vergilbt oder zum Teil abgeblättert, so kann ein neuer Anstrich dafür sorgen, dass die Immobilie freundlicher wirkt. Auch die Armaturen in der Küche und im Badezimmer sollten, sofern sie extrem verkalkt oder mitunter beschädigt sind, ausgetauscht werden. Sehr aufwendige Renovierungsarbeiten sind jedoch nicht erforderlich. Beachten Sie, dass Sie alle Ausgaben, die Sie im Zuge der Renovierungsmaßnahmen haben, sich auf die Rendite auswirken. Mitunter können Sie aber die Kosten, die durch die Renovierungsarbeiten entstanden sind, in den Verkaufspreis miteinfließen lassen.

Um welchen Preis soll die Immobilie angeboten werden?

Vorweg: Der Angebotspreis hat nur selten etwas mit dem tatsächlichen Verkaufspreis zu tun - jeder, der eine Immobilie verkauft, wird den Preis eine Spur höher ansetzen, damit er eine Verhandlungsbasis hat. Fakt ist, dass Sie sich aber im Vorfeld überlegen sollten, in welchem Preissegment Ihre Schmerzgrenze liegt. Möchten Sie für das Haus 200.000 Euro, so wird sich Ihre Schmerzgrenze wohl bei 190.000 Euro befinden. Sie können die Immobilie also für 220.000 Euro anbieten und sich problemlos um 20.000 Euro bis maximal 30.000 Euro nach unten bewegen.

Viel wichtiger ist natürlich die Frage, wie hoch soll der Preis sein? Viele Eigentümer, die Ihre Immobilie verkaufen wollen, hängen natürlich an dem Haus oder der Wohnung. Vielleicht sind die Kinder in der Immobilie aufgewachsen, mitunter wurde das Haus sogar selbst gebaut oder derart umgebaut, sodass man automatisch an bessere Zeiten denkt, wenn man das Objekt betritt. Emotionen spielen jedoch beim Preis (leider) keine Rolle. Vergleichen Sie daher ähnliche Objekte, die in der Region zum Verkauf angeboten werden, sodass Sie ungefähr einen Überblick bekommen, wie hoch der Preis für eine derartige Immobilie sein kann.

<u>Folgende Kriterien sind ebenfalls zu berücksichtigen:</u>

<u>Die Immobilie muss beworben werden</u>

- Befindet sich die Immobilie in der Stadt, am Land, in einer ländlichen Region oder inmitten des Ballungszentrums?

- Handelt es sich um eine Eigentumswohnung, ein Reihenhaus, ein freistehendes Einfamilienhaus oder um eine Doppelhaushälfte?

- Wie groß ist die Gesamtnutzfläche?

- Wie groß ist die Wohnnutzfläche?

- Wie groß ist das Grundstück?

- Gibt es diverse Extras - so etwa eine Garage, einen Keller, einen Balkon, eine Terrasse oder einen gepflegten Garten?

- Wann wurden die letzten Renovierungs- oder Instandhaltungsarbeiten durchgeführt?

- In welchem Zustand befindet sich die Immobilie?

- Wann wurde das Objekt gebaut?

Nur dann, wenn die Immobilie auch im Internet beworben wird, werden Menschen aufmerksam werden. Doch die Immobilie sollte nicht nur im Internet gefunden werden; so kann das Objekt in der regionalen Zeitung einen Platz finden oder mitunter auch direkt über die sogenannte Mund-zu-Mund-Propaganda vermittelt werden. Wichtig ist, dass Sie im Zuge der Werbung beachten, dass es nicht zu hohen Mehrkosten kommt. Es gibt sehr wohl kostenlose Plattformen, jedoch müssen Sie beachten, dass Sie hier wohl nicht alle Leistungen in Anspruch nehmen können. Stellen Sie sich daher selbst die Frage, welche Leistungen Sie benötigen, wenn Sie Ihr Objekt bewerben möchten. Sind Sie der Ansicht, dass kostenlose Portale genügen, dann sollten Sie zuerst das Objekt auf gebührenfreien Plattformen anbieten.

Beachten Sie, dass Sie zu folgenden Angaben verpflichtet sind:

- Baujahr

- Wir wird das Haus beheizt (Fernwärme, Öl oder Erdgas)?

- Art des Energieausweises: Verbrauchs- oder Bedarfsausweis - der Verbrauchsausweis ist wesentlich günstiger; der Preis beläuft sich zwischen 30 Euro und 50 Euro. Der Bedarfsausweis kostet deutlich über 100 Euro. Aufschlussreicher (und somit sinnvoller) ist der Bedarfsausweis.

- Energieverbrauchswert/Quadratmeter und Jahr

- Angabe der Energieeffizienzklasse (A+ bis H)

Die Anzeige sollte auch noch folgende Informationen erhalten:

- Genaue Lage der Immobilie
- Beschreibung der aktuellen Verkehrslage
- Beschreibung des Grundrisses
- Beschreibung der Ausstattung
- Beschreibung der Wohnfläche
- Wird das Objekt aktuell genutzt?
- Der Kaufpreis
- Die Kontaktdaten (Telefonnummer oder E-Mail-Adresse)

Wichtig ist, dass Sie die Wohnräume bei Tageslicht fotografieren und darauf achten, dass die Bilder die Schokoladenseite der Immobilie präsentieren. Dunkle und lieblos wirkende Aufnahmen, auf denen mitunter nur sehr wenig bis gar nichts erkannt wird, schrecken viele Interessenten ab.

Das Exposé

Das Exposé enthält in der Regel dieselben Angaben wie das Online-Inserat, sollte aber in ausgedruckter Form vorliegen und möglichen Interessenten mitgegeben werden, nachdem diese die Immobilie besichtigt haben. Zudem kann das Exposé auch direkt per Mail versendet werden, sofern es diesbezügliche Anfragen gibt.

Der Besichtigungstermin

Der wichtigste Punkt vorweg: Nicht jeder Interessant, der sich Ihre Immobilie ansieht, wird gleich begeistert sein - Sie werden feststellen, dass es sehr wohl Besichtigungstermine gibt, wo schon zu Beginn klar ist, dass es definitiv nicht zum Verkauf kommen wird. Andere Interessenten vermitteln ein Kaufinteresse, scheitern jedoch in weiterer Folge an der eigenen finanziellen Situation, weil die Bank keinen Kredit gewährt. Mitunter werden einige Interessenten Ihre Immobilie betreten, bis endlich der richtige Käufer dabei ist. Dieser Prozess ist mühsam und kann auch mehrere Wochen oder Monate dauern. Bleiben Sie ruhig und haben Sie Geduld. Ärgern Sie sich auch nicht, wenn Sie einen Termin mit einem Interessenten ausmachen, der sich am Ende nicht blicken lässt.

Im Zuge der Besichtigung ist es wichtig, dass Sie die Interessenten in Ruhe lassen. Natürlich können Sie jedes Zimmer vorstellen ("das ist das Schlafzimmer", "das ist das Wohnzimmer und dergleichen"), jedoch sollten Sie nicht zu jedem Raum eine Geschichte erzählen.

Gehen Sie auch davon aus, dass Ihnen Fragen von den Interessenten gestellt werden. Bevor der erste Interessent kommt, sollten Sie selbst einen Rundgang durch Ihre Immobilie machen und sich in die Lage des potentiellen Käufers versetzen. Welche Fragen kann der Interessent stellen? Bleiben Sie immer ehrlich, jedoch erzählen Sie nur so viel, wie tatsächlich notwendig. Das heißt nicht, dass Sie Mängel verschweigen sollen. Jedoch können viele Interessenten unsicher werden, wenn es mitunter schon einmal einen Wasserschaden gab, der jedoch behoben wurde. Alle Schäden und Mängel, die im Laufe der letzten

Wochen, Monate oder Jahre beseitigt wurden, sollten nicht erwähnt werden. Renovierungsmaßnahmen oder Instandhaltungsarbeiten, die jedoch den Wert des Hauses steigern, sollten sehr wohl angeführt werden.

Stellt Ihnen ein Interessent eine Frage, die Sie nicht beantworten können, dann ärgern Sie sich nicht, sondern erkennen Sie diese Besichtigung als Lernprozess an. Holen Sie Informationen ein, sodass Sie die Frage, sofern Sie ein anderer Interessent stellt, problemlos beantworten können.

Preisverhandlung

Wie bereits erwähnt, wird der Käufer natürlich Preisverhandlungen starten, weil er möchte, dass Sie den Preis nach unten korrigieren. Aufgrund der Tatsache, dass Sie bereits eine Vorstellung haben, um welchen Preis die Immobilie verkauft werden soll, können Sie gelassen in die Preisverhandlungen gehen. Seien Sie selbstbewusst und argumentieren Sie zu Beginn, warum der Preis wirklich gut ist. Versuchen Sie den Interessenten zu überzeugen, dass es sich um einen fairen Preis handelt.

Liegen die Vorstellungen zu weit voneinander entfernt, dann brechen Sie die Preisverhandlung ab.

Das große Finale

Der Interessent hat dem Preis zugestimmt, die Bank stellt einen Kredit zur Verfügung - das Haus ist verkauft. Nun wird der Kaufvertrag vom Notar aufgesetzt und von Ihnen und dem Käufer unterfertigt.

In weiterer Folge müssen Sie einen Termin zur Schlüsselübergabe vereinbaren, sodass das Haus in den Besitz des Käufers übergeht.

Steuerliche Aspekte

Zahlreiche Anleger, die ihre Ersparnisse in Immobilien investieren, vergessen einen wesentlichen Aspekt - die Steuern! Vor dem Immobilien-Investment erstellen die Anleger umfassende Pläne, befassen sich mit Fremdfinanzierungen und planen die nächsten 5, 10 oder gar 15 Jahre, denken aber kaum an die potentiellen Kosten, die im Zuge der Steuerbelastung auftreten.

Die Grundsteuer

Zu Beginn die zwei wichtigsten Steuern - das sind die Grundsteuer und auch die Grunderwerbsteuer. Bei der Grundsteuer handelt es sich um eine Steuer auf das am Grundstück bestehende Eigentum. Hier gibt es jedoch keine bundesweite Regelung. Die Steuerhöhe ist von der jeweiligen Gemeinde abhängig. In Berlin werden Sie mit Sicherheit einen anderen Steuersatz wie in Düsseldorf, München oder auch Hamburg bezahlen.

Die Grunderwerbsteuer

Auch die Grunderwerbsteuer ist nicht bundesweit geregelt. Diese Steuer müssen Sie dann entrichten, wenn Sie ein Grundstück kaufen. Doch die Grunderwerbsteuer muss auch dann bezahlt werden, wenn Sie eine Immobilie erwerben. Die Steuerhöhe ist abhängig vom Bundesland. Innerhalb Deutschlands variiert der Steuersatz deshalb zwischen 3,5 und 6,5 Prozent.

- Baden-Württemberg: 5,0 Prozent
- Bayern: 3,5 Prozent
- Berlin: 6,0 Prozent
- Brandenburg: 6,5 Prozent
- Bremen: 5,0 Prozent
- Hamburg: 4,5 Prozent
- Hessen: 6,0 Prozent
- Mecklenburg-Vorpommern: 5,0 Prozent
- Niedersachsen: 5,0 Prozent
- Nordrhein-Westfalen: 6,5 Prozent
- Rheinland-Pfalz: 5,0 Prozent
- Saarland: 6,5 Prozent
- Sachsen: 3,5 Prozent
- Sachsen-Anhalt: 5,0 Prozent
- Schleswig-Holstein: 6,5 Prozent
- Thüringen: 6,5 Prozent

Würden Sie eine Immobilie um 200.000 Euro erwerben, müssten Sie folgende Steuerabgaben entrichten:

- Baden-Württemberg: 10.000 Euro
- Bayern: 7.000 Euro
- Berlin: 12.000 Euro
- Brandenburg: 13.000 Euro
- Bremen: 10.000 Euro
- Hamburg: 9.000 Euro
- Hessen: 12.000 Euro
- Mecklenburg-Vorpommern: 10.000 Euro
- Niedersachsen: 10.000 Euro
- Nordrhein-Westfalen: 13.000 Euro
- Rheinland-Pfalz: 10.000 Euro
- Saarland: 13.000 Euro
- Sachsen: 7.000 Euro
- Sachsen-Anhalt: 10.000 Euro
- Schleswig-Holstein: 13.000 Euro
- Thüringen: 13.000 Euro

Beide Steuern - also die Grund- und die

Grunderwerbsteuer - machen rund 1,3 Prozent des Steueraufkommens innerhalb Deutschlands auf und sind somit extrem wichtige Variablen im aktuell bestehenden Steuersystem.

Jedoch gibt es auch Fälle, in denen die Grunderwerbsteuer nicht gezahlt werden muss. Wird das Grundstück verschenkt oder nach dem Tod des Eigentümers erworben, so wird der Erwerb nicht mit der Grunderwerbsteuer belastet. Jedoch ist in diesem Fall Vorsicht geboten - es kann sehr wohl auch eine nachträgliche Besteuerung anfallen. Die Gründe, wann es zu einer nachträglichen Besteuerung kommen kann, finden sich im sogenannten Erbschafts- und Schenkungssteuergesetz. Des Weiteren fällt keine Grunderwerbsteuer an, wenn der Kaufpreis des Grundstückes unter 2.500 Euro liegt (§ 3 Nummer 1 des Grunderwerbsteuergesetzes).

Auch dann, wenn das Grundstück an Verwandte 1. Grades verkauft wird, fällt keine Grunderwerbsteuer an. Ausgenommen sind, so § 3 des Grunderwerbsteuergesetzes, Verkäufe an Lebens- oder Ehepartner oder an Kinder. Verkauft der Vater also dem Sohn die Immobilie, so muss dieser in weiterer Folge keine Grunderwerbsteuer bezahlen.

Es gibt jedoch auch Möglichkeiten, wie die Grunderwerbsteuer reduziert werden kann. Die Höhe der Grunderwerbsteuer hängt einerseits vom Bundesland (Prozentsatz) und andererseits vom Kaufpreis ab. Wird der Kaufpreis etwa reduziert, so reduziert sich des Weiteren auch die Höhe der Grunderwerbsteuer. Werden also bewegliche Extras, so die Küche, die Sauna, Gartenhäuser oder Markisen gesondert berechnet und in weiterer Folge im notariellen Kaufvertrag angeführt, sinkt automatisch der Verkaufspreis für das Objekt.

Das folgende Beispiel soll zeigen, wie derartige Einsparungen möglich sind:

Befindet sich das Objekt in Hamburg, so ist eine Grunderwerbsteuer in der Höhe von 4,5 Prozent zu bezahlen. Wird die Immobilie für 300.000 Euro angeboten, so muss der Käufer eine Grunderwerbsteuer in der Höhe von 13.500 Euro bezahlen. Werden jedoch die frei beweglichen Extras berücksichtigt, so etwa die Küche und die Sauna, so können Sie diese extra auflisten. Werden für die Küche 12.500 Euro und für die Sauna 2.500 Euro veranschlagt, so reduziert sich der Immobilienpreis um insgesamt 15.000 Euro. Die Grunderwerbsteuer wird somit nur noch für die restlichen 285.000 Euro fällig. Das heißt, dass Sie - statt 13.500 Euro - in weiterer Folge nur 12.825 Euro bezahlen müssen. Sie sparen also 675 Euro.

Die Spekulationssteuer

Zahlreiche Anleger sehen in den Immobilien auch reine Spekulationsobjekte. Derzeit sind die Mieten derart hoch, sodass die Anleger doppelt abkassieren können. Einerseits profitieren die Anleger von den Mieteinnahmen, andererseits von der Wertsteigerung, wenn das Objekt wieder verkauft werden soll. Jedoch kann der Verkauf der Immobilie dazu führen, dass der Anleger eine sogenannte Spekulationssteuer bezahlen muss. Diese Steuer wird jedoch nicht fällig, wenn der Anleger - nach Erwerb der Immobilie - zehn Jahre wartet, bis das Objekt wieder verkauft wird. In diesem Fall kann er den Gewinn steuerfrei behalten. Eine weitere Möglichkeit: Der Anleger nutzt das Objekt selbst - er muss, bevor er die Immobilie verkauft, zwei Jahre vor dem Verkaufsdatum in dem Objekt gewohnt haben. Auch in diesem Fall muss keine Spekulationssteuer bezahlt werden.

Die Berechnung der Rendite

Wer sein Geld in Immobilien investiert, der mag schon vor der Investition wissen, wie hoch die Rendite sein wird. Immobilieninvestments sind immer Kapitalanlagen - der Anleger will also einen Gewinn erzielen. Somit sind Immobilien - zumindest in dieser Art und Weise - mit Anleihen oder Aktien zu vergleichen (siehe das Kapitel "Direkte und indirekte Investitionsmöglichkeiten"). Auch hier interessieren sich die Anleger vorwiegend für die mögliche Rendite.

Zu beachten ist, dass es bei der Immobilien-Anlage jedoch nicht eine einzige Rendite-Formel gibt, die schon zu Beginn deutlich erkennen lässt, wie hoch der Gewinn ausfallen kann. Den Anlegern stehen mehrere Rendite-Formeln zur Verfügung. Beachten Sie auch, dass die Rendite immer den Jahresertrag der Geldanlage präsentiert; die Rendite wird immer in Prozent angegeben.

Die Berechnung der Eigenkapitalrendite

Mittels der Eigenkapitalrendite kann der durchschnittliche Jahresertrag auf das von Ihnen zur Verfügung gestellte Kapital berechnet werden. Hier werden alle Einnahmen, die Ausgaben und auch die mögliche Fremdfinanzierung berücksichtigt. Jedoch ist zu beachten, dass die sogenannte Eigenkapitalrendite nur eine geringe Aussagekraft hat, da sich die Berechnung nur mit der Vergangenheit befasst. Die Eigenkapitalrendite berücksichtigt keine Tilgungsleistungen und auch keine Wertsteigerung der Immobilie.

<u>Die Eigenkapitalrendite wird nach folgender Formel berechnet:</u>

Ertrag nach Steuern x 100 / gebundenes Kapital

<u>Beispiel: Die Berechnung der Steuer:</u>

- Die Anschaffungskosten der Eigentumswohnung: 100.000 Euro

- Der Fremdkapitalanteil: 50.000 Euro

- Der Eigenkapitalanteil: 50.000 Euro

- Der persönliche Steuersatz: 40 Prozent

- Der Zinssatz für das Fremdkapital: 2,6 Prozent (die Zinsbindung beläuft sich auf 15 Jahre)

- Die jährliche Abschreibung beträgt 2 Prozent auf alle Anschaffungskosten des Hauses (Höhe: 1.500 Euro)

Der Mietertrag beläuft sich auf 4.440 Euro. Die Unterhaltskosten liegen bei 420 Euro, die Abschreibungen bei 1.500 Euro und die Zinszahlungen bei 1.300 Euro. Der Ertrag setzt sich folgendermaßen zusammen: 4.440 Euro abzüglich 420 Euro, 1.500 Euro und 1.300 Euro. Das Ergebnis - 1.220 Euro - wird mit dem Steuersatz (40 Prozent) multipliziert. Die Steuer beläuft sich somit auf 488 Euro.

Die Übernahme der Steuerlast:

Der Mietertrag beläuft sich auf 4.440 Euro. Die Unterhaltskosten liegen bei 420 Euro und die Steuerlast beträgt 488 Euro. Die Zinszahlungen belaufen sich auf 1.300 Euro. Somit entsteht ein Ertrag von 2.232 Euro.

Die Eigenkapitalrendite:

2.232 Euro / 50.000 Euro x 100 = 4,464 Prozent!

Die Berechnung der Objektrendite

Die sogenannte Objektrendite erfasst die Einnahmen und auch die Ausgaben der Anlage - dazu gehören die Anschaffungskosten, die Steuerzahlungen und auch Steuerersparnisse, die Mieteinnahmen und dergleichen. Der große Unterschied zur Eigenkapitalrendite? Die Finanzierung wird nicht miteinbezogen. Mit Hilfe der Objektrendite ist es möglich, dass der Anleger mehrere Objekte miteinander vergleichen kann; so erhält er eine Übersicht, welche Immobilie für den höchsten Gewinn sorgt. Des Weiteren kann der Anleger herausfinden, ob sich der sogenannte Leverage-Effekt sinnvoll nutzen lässt. Dieser Effekt (die Hebelwirkung) zeigt dem Anleger, wie sich die Nutzung des Fremdkapitals auf die Immobilie - bezugnehmend auf die Rentabilität - auswirkt. In diesem Fall gilt die Faustregel, dass sich der Einsatz von Fremdkapital nur dann lohnt, solange die Nachsteuerrendite des Eigenkapitals höher als die Nachsteuerkosten des Fremdkapitals sind.

Die Objektrendite wird nach folgender Formel

berechnet:

Mietreinertrag - den Unterhaltskosten - der Steuer = Objektrendite

Beispiel:

Der Mietreinertrag beläuft sich auf 4.440 Euro.

Die Unterhaltskosten liegen bei 420 Euro.

Die Berechnung der Steuer:

Mietreinertrag (4.440 Euro) - Unterhaltskosten (420 Euro) - Abschreibungen (1.500 Euro) = 2.520 Euro. Beläuft sich der Steuersatz auf 40 Prozent: 1.008 Euro.

Die Objektrendite:

Der Mietreinertrag (4.440 Euro) - Unterhaltskosten (420) Euro - Steuer (1.008 Euro) = 3.012 Euro. Es ergibt sich eine Objektrendite von 2,99 Prozent.

In diesem Beispiel beläuft sich der Fremdkapitalzins (nach Berücksichtigung der Steuern) auf 1,56 Prozent. Aufgrund der Tatsache, dass der Fremdkapitalzins die Objektrendite unterschreitet, ist von einem positiven Leverage-Effekt die Rede. Somit ist es sinnvoll, wenn die Eigenkapitalrendite durch das Fremdkapital erhöht wird.

Die Berechnung der Nettomietrendite

Die sogenannte Mietrendite wird entweder als Netto- oder Bruttomietrendite errechnet. Jedoch lässt die Bruttorendite diverse Kosten außer Acht, sodass sich der Anleger, wenn er einen Überblick über seine Immobilie haben möchte, immer für die Nettomietrendite entscheiden sollte. Die Nettomietrendite berücksichtigt nämlich die Kaufnebenkosten, die Grunderwerbsteuer und auch die Kosten für die Grundbucheintragung und den Notar. Des Weiteren werden auch Verwaltungs- und Instandhaltungskosten berücksichtigt, die nicht auf die Mieter übertragen werden können. Jedoch muss der Anleger berücksichtigen, dass die Nettomietrendite nur eine Einschätzung darstellt, da hier weder Steuersatz des Anlegers oder auch die Finanzierungskosten berücksichtigt werden.

Die Bruttomietrendite wird nach folgender Formel berechnet:

100 x der jährlichen Nettokaltmiete / den Kaufpreis des Objektes = die Bruttomietrendite in Prozent.

Beispiel:

Für eine Eigentumswohnung beläuft sich der Kaufpreis auf 200.000 Euro. Die Nebenkosten betragen 20.000 Euro. Somit ergibt sich ein Gesamtpreis von 220.000 Euro. Die Investitionskosten belaufen sich auf 10.000 Euro/Jahr.

Die Bruttomietrendite:

100 x Nettokaltmiete pro Jahr (10.000 Euro) / den Kaufpreis ohne Nebenkosten (200.000 Euro) = eine Bruttomietrendite in der Höhe von 5,0 Prozent.

Die Nettomietrendite wird nach folgender Formel berechnet:

Die Kaufnebenkosten werden berücksichtigt. In weiterer Folge werden die Instandhaltungs- und Verwaltungsabgaben von der Nettokaltmiete abgezogen, sodass ein Jahresreinertrag entsteht. Dieser Betrag wird durch die Investitionskosten dividiert.

Beispiel:

Für eine Eigentumswohnung werden 200.000 Euro bezahlt. Die Nebenkosten betragen 20.000 Euro. Somit ergibt sich ein Gesamtpreis von 220.000 Euro. Die Nettokaltmiete beläuft sich auf 10.000 Euro, wobei die Verwaltungskosten (500 Euro/Jahr) und die Instandhaltungskosten (700 Euro/Jahr) abgezogen werden, sodass sich ein Betrag von 8.800 Euro ergibt.

Die Nettomietrendite:

Der Jahresreinertrag (8.800 Euro) / die Investitionskosten (220.000 Euro) x 100 = eine Nettomietrendite in der Höhe von 4,0 Prozent.

Ein vielversprechendes Investment

Sie haben sich für diesen Ratgeber entschieden, weil Sie in Immobilien investieren wollen - gehen Sie nun einen Schritt weiter und stecken Sie Ihr Geld in Objekte oder sind Sie zu dem Ergebnis gekommen, dass Immobilien-Investments doch nichts für Sie sind? Vielleicht sind Sie der Meinung, dass ein Immobilien-Investment zu riskant ist? Vielleicht haben Sie nun für sich erkannt, dass Immobilien nicht den gewünschten finanziellen Erfolg mit sich bringen? Mitunter sind Sie auch der Meinung, dass der Immobilienmarkt bereits überhitzt ist, sodass die Immobilienblase bald platzen wird? Fakt ist, dass nicht jeder Anleger sein Geld in Immobilien stecken möchte, weil es doch ein paar Risiken gibt, die nie zur Gänze reduziert werden können (siehe das Kapitel "Die Vermietung"/"Die Gefahren").

Doch Sie müssen nicht direkt in Immobilien investieren. Sie können etwa in Aktien oder Fonds investieren und somit indirekt profitieren (siehe das Kapitel "Direkt und indirekte Investitionsmöglichkeiten"). All jene, die mit Immobilien Geld machen, müssen nicht unbedingt ein Haus oder eine Eigentumswohnung besitzen; mitunter genügen Aktien oder Fondsanteile, sodass man - indirekt - sein Geld vermehrt. Wichtig ist, dass Sie sich im Vorfeld immer die Frage stellen, wie viel Geld Sie investieren möchten. Natürlich sollten Sie sich auch mit der Thematik befassen, welches Risiko Sie eingehen wollen (oder können). Denn auch wenn sich der Markt in einem scheinbar niemals enden wollenden Höhenflug befindet, so heißt das nicht, dass es keine Gefahren gibt. Wer sein Geld in Immobilien investiert, der kann natürlich auch Verluste einfahren. Selbst ein Totalverlust ist - zumindest in der Theorie - möglich.

Immobilien sind extrem spannend, weil es sehr wohl Tipps und Tricks gibt, sodass Sie eine durchaus passable Rendite erzielen können (siehe das Kapitel "9 wertvolle Tipps, wenn Sie Ihr Geld in Immobilien anlegen wollen"). Doch eine hohe Rendite wird nur dann erzielt, wenn Sie auch ein gewisses Risiko eingehen ("siehe das Kapitel "Die Berechnung der Rendite"). Stellen Sie sich daher im Vorfeld die Frage, welches Risiko Sie eingehen möchten, bevor Sie Ihr Geld in Immobilien investieren.

Am Ende bleibt es natürlich Ihre Entscheidung, ob Sie ein Haus für die eigene Altersvorsorge erwerben oder ein Objekt kaufen wollen, das in weiterer Folge vermietet wird. Auch Spekulationen, also der günstige Erwerb und der gewinnbringende Verkauf, stellen eine interessante Möglichkeit dar, wie man mit Immobilien Geld machen kann. Denken Sie immer daran, dass Sie jedoch genügend Informationen einholen müssen, bevor Sie sich endgültig für das Immobilien-Investment entscheiden. Hören Sie nicht nur auf Ihr Bauchgefühl - vertrauen Sie auch Zahlen, Daten und Fakten, sodass Sie Ihr Glück nicht zu 100 Prozent auf die Probe stellen müssen.

Weitere Tipps und Tricks finden Sie auch in dem Ratgeber "Immobilien-Investments für Fortgeschrittene". In diesem Ratgeber werden Sie noch detaillierter Ausführungen erhalten und können noch tiefer in diese umfangreiche Materie eindringen. Wenn Sie also der Meinung sind, dass Sie ganz bestimmt Ihr Geld in Immobilien anlegen möchten, dann sollten Sie sich unbedingt mit dem Ratgeber "Immobilien-Investments für Fortgeschrittene" befassen, sodass Sie noch mehr Hintergrundinformationen erfahren und Tipps und Tricks anwenden können, die nur dann möglich sind, wenn Sie ganz tief in die Materie eingedrungen sind.

Weitere Bücher der Investment Academy

Unsere neue Serie: "Börse & Finanzen"

Entdecken Sie noch heute unsere umfangreiche Serie zum Thema Aktien, Wirtschaft und Finanzen.

Band 1 - Aktien für Beginner

Band 2 - ETF für Beginner

Band 3 - Daytrading für Beginner

Band 4 - Geld Veranlagen für Beginner

Band 5 - Bitcoin für Beginner

Band 6 - Kryptowährungsinvestment für Beginner

Über die Autoren

Heutzutage suchen die Anleger nach Alternativen. Ob Sparbuch, Festgeldanlage oder Tagesgeldkonto - all jene Veranlagungsformen führen nicht mehr zum gewünschten Erfolg. Selbst die beliebte Lebensversicherung, die vor Jahren noch die Nummer 1 war, wenn man sein Geld anlegen wollte, bringt heutzutage kaum noch Gewinne. Doch alternative Veranlagungsformen werden kaum von Bankberatern empfohlen; zudem fehlen den Anlegern auch die notwendigen Informationen, sodass es mitunter gefährlich sein kann, wenn Sie auf das Bauchgefühl vertrauen. Aufgrund der Tatsache, dass sich viele Veranlagungsformen vom Markt beeinflussen lassen, muss der Anleger also auch wissen, welche Faktoren mitunter verantwortlich sind, die am Ende über Gewinn oder Verlust entscheiden.

Genau hier kommt die "Investment Academy" ins Spiel: Die "Investment Academy" ist ein Zusammenschluss mehrerer Autoren, die Ratgeber verfassen, sodass die Anleger Informationen erhalten, wenn Sie sich für alternative Veranlagungsformen entscheiden. Die Bandbreite ist groß; ob Kryptowährungen, Aktien, ETF-Fonds oder auch Immobilien - es gibt zahlreiche alternative Veranlagungsformen, die von den Autoren der "Investment Academy" behandelt werden.

Natürlich handelt es sich bei den Autoren der "Investment Academy" um keine Laien. Die Ratgeber werden von erfolgreichen Anlegern verfasst, die selbst sich natürlich auch selbst mit den unterschiedlichsten Themen beschäftigt haben.

Die Ratgeber der "Investment Academy" sollen vor allem Anfänger ansprechen. Die Autoren verzichten auf komplizierte Fachbegriffe und versuchen, so gut wie möglich, eine Schritt-für-Schritt-Anleitung zu geben, wie das Geld einerseits angelegt und andererseits vermehrt werden kann. In den Ratgebern der "Investment Academy" finden sich aber nicht nur positive Informationen oder Hinweise, dass - mit der richtigen Strategie - jede Veranlagung zum Erfolg führt. Selbstverständlich weisen die Autoren auch auf die möglichen Gefahren hin. Jede Veranlagungsform, ob Aktien, Anleihen oder Immobilien, hat Vor- und Nachteile; der Anleger kann, wenn er das Risiko unterschätzt, sehr wohl Geld verlieren. In den Ratgebern der "Investment Academy" finden sich deswegen auch Tipps und Tricks, wie Gefahren reduziert werden können.

All jene, die ihr Geld in alternative Veranlagungsformen investieren möchten, sollten sich daher mit den Ratgebern der "Investment Academy" befassen. Nur dann, wenn im Vorfeld auch Informationen eingeholt werden, kann die Anlage auch zum Erfolg führen.

www.ingramcontent.com/pod-product-compliance
Lightning Source LLC
LaVergne TN
LVHW021335080526
838202LV00004B/183